The Minor Prophets

소선지서

The Minor Prophets

소선지서

이에스더 지음

머리말

    구약의 선지자들은 어떤 특별한 사명을 수행하기 위해 하나님으로부터 직접 부르심을 받고 하나님의 대변자로서 사람들에게 하나님의 말씀을 선포하는 사람들이다.

    그들은 제사장이나 서기관과는 달리 그 임무의 한계선을 엄격하게 그을 수 없지만 대체로 다음과 같은 임무를 수행하였다. 첫째로, 백성의 삶 가운데 일어나는 여러 가지 문제에 대해 조언해 주거나 해결해 주는 역할을 했다. 둘째로, 역사적 기록을 편집하고 역대기를 보존하는 등 문서 활동을 했다. 셋째로, 하나님을 떠나 우상을 숭배하는 이스라엘 백성이 다시 하나님께로 돌아가도록 촉구했다. 넷째로, 하나님의 선민인 이스라엘 백성의 개인과 사회와 민족 전체에 대해 도덕적인 교훈을 선포했다. 다섯째로, 국가의 전쟁, 동맹, 조약과 같은 대외 정책을 지도하는 등 정치적인 영향력을 행사했다.

    이 같은 역할을 하는 선지자들의 메시지를 담고 있는 책이 바로 구약의 선지서다. 이 선지서는 B.C. 9세기 중엽부터 5세기 중엽의 기간에 16명의 선지자가 하나님의 말씀을 선포하고 기록하였는데 책의 분량에 따라 대선지서와 소선지서로 구분된다.

이 책에서는 소선지서를 다루었으며, 이를 연구함에 있어서 각 책의 요점을 중심으로 연구할 수 있도록 하였다. 또한 본문의 내용과 관련된 성경 구절들을 직접 찾아 읽음으로써 보다 효과적으로 내용을 연구하게 하였다. 이때 본문의 내용과 직접 관련 있는 성구뿐만 아니라 본문의 내용을 연구하는 데 도움이 되는 간접적인 성구들도 함께 수록하였다.

이 책은 필자가 20여 년 전부터 지금까지 신학교에서 학생들에게 강의하고 있는 내용을 정리한 것으로, 신학을 공부하는 학생들뿐만 아니라 구약의 선지서를 연구하는 모든 분들에게 도움을 주기 위해 출간하였다.

출간을 위해 애써 주신 한국학술정보 (주) 지성영 팀장님을 비롯하여 편집부와 디자인팀 관계자들에게 감사드린다. 또한 순복음영산신학원 조용찬 학장님과 동역자들에게 감사드리고, 언제나 변함없이 곁에서 돌보아 주시고 격려해 주시는 남편 이동수 장로님께 감사드린다. 아울러 지난해 아름답고 행복한 가정을 이룬 건우와 시은이, 그리고 사랑스러운 아가 하온이에게도 고마운 마음을 전하고 싶다.

2021년 8월
이에스더

차례

I. 구약 성경에서의 소선지서 위치

1. 국역(國譯) 성경에서의 위치

1) 율법서(הַתּוֹרָה)

창세기, 출애굽기, 레위기, 민수기, 신명기

2) 성문서(כְּתוּבִים)

(1) 시가서: 욥기, 시편, 잠언, 전도서, 아가서
(2) 역사서: 여호수아, 사사기, 룻기, 사무엘상, 사무엘하, 열왕기상, 열왕기하, 역대상, 역대하, 에스라, 느헤미아, 에스더

3) 선지서(נְבִיאִים)

(1) 대선지서: 이사야, 예레미야, 예레미야애가, 에스겔, 다니엘
(2) 소선지서: 호세아, 요엘, 아모스, 오바댜, 요나, 미가, 나훔, 하박국, 스바냐, 학개, 스가랴, 말라기

선지서는 B.C. 9세기 중엽부터 5세기 중엽의 기간에 16명의 선지자가 하나님의 말씀을 선포하고 기록했는데, 대선지서와 소선지서의 구분은 내용의 중요성에 의한 구분이 아니라 책의 분량에 의한 구분이며, 시대순으로 배열된 것이 아니다.

2. 히브리 성경에서의 위치

1) 율법서(הַתּוֹרָה)

창세기, 출애굽기, 레위기, 민수기, 신명기

2) 성문서(כְּתוּבִים)

(1) 시가서 : 욥기, 시편, 잠언
(2) 오축(다섯 두루마리 책) : 아가(유월절에 읽음), 룻기(오순절에 읽음), 전도서(장막절에 읽음), 에스더(부림절에 읽음), 예레미야애가
(3) 역사서 : 다니엘, 에스라, 느헤미야, 역대기

3) 선지서(נְבִיאִים)

(1) 전기 예언서(Former Prophets) : 여호수아, 사사기, 사무엘상, 사무엘하, 열왕기상, 열왕기하
(2) 후기 예언서(The Latter Prophets) : 대선지서(이사야, 예레미야, 에스겔), 소선지서(호세아, 요엘, 아모스, 오바댜, 요나, 미가, 나훔, 하박국, 스바냐, 학개, 스가랴, 말라기)

01

호세아

"그러므로 우리가 야훼를 알자

힘써 야훼를 알자

그의 나타나심은 새벽빛같이 어김없나니

비와 같이, 땅을 적시는 늦은 비와 같이

우리에게 임하시리라 하니라"

(호 6:3)

호세아서에 나타난 주요 지명들

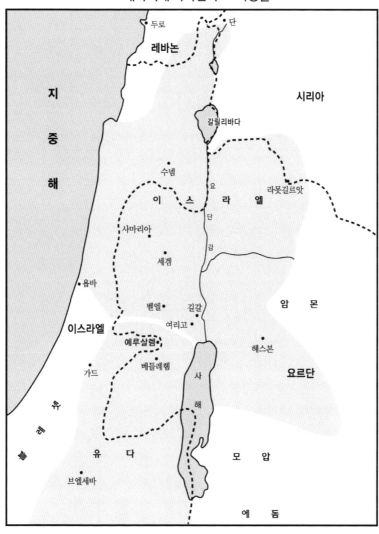

두로

레바논

단

지 중 해

시리아

갈릴리바다

수넴

요

라못길르앗

이 스 라 엘

사마리아

단

세겜

강

욥바

벧엘

길갈

암 몬

여리고

이스라엘

예루살렘

헤스본

가드

베들레헴

사 해

요르단

유 다

모 압

브엘세바

에 돔

I. 시대적 상황

1. 호세아는 북 왕국 이스라엘의 여로보암 2세(B.C. 793~753)가 치세할 때 선지자로 부르심을 받았다. 당시 북 왕국 이스라엘은 정치적으로 안정을 누렸으며, 상업과 무역이 왕성하여 경제적으로도 풍요로웠다.

2. 이때 북 왕국 이스라엘은 아람의 침략으로 잃었던 영토를 되찾았는데, 이는 하나님께서 아람의 압제에 시달려온 이스라엘 백성을 긍휼히 여기셔서 베푸신 은혜였다.

왕하 14:25~27

----

3. 그러나 여로보암 왕이 죽은(B.C. 753) 후 약 30년간 6명의 왕이 바뀌면서 정치적인 혼란으로(왕하 15:8~17:41) 인하여, 북 왕국 이스라엘은 급속히 쇠퇴했다. 종교적 타락도 극심하여 하나님에 관한 지식이 없던 이스라엘 백성은(호 4:6; 5:4) 바알을 섬기는 영적 음행을 저질렀다(호 2:12~13). 이러한 혼란기에 호세아는 자신의 삶을 통해 패역한 이스라엘 백성에게 하나님의 사랑을 증거했다.

호세아 사역 당시 북 왕국 이스라엘 왕

	이름	기간 (B.C.)	비고
1	여로보암 Ⅱ세	793~753	-북 왕국 왕 중 가장 오랫동안(41년) 통치함 -이스라엘이 상실한 영토의 많은 부분을 회복하고 국력을 강화함(왕하 14:23~29) 영적으로 매우 타락함
2	스가랴	753	-예후의 4대 손 -예후 왕조의 네 번째 왕 -살룸에 의해 피살당함으로 예언이 성취됨(왕하 10:30; 14:29; 15:8~12; 호 1:4)
3	살룸	752	므나헴에 의해 살해됨(왕하15:10~15)
4	므나헴	752~742	북 왕국에서 가장 악한 독재자 중 한 사람(왕하 15:14~22)
5	브가히야	742~740	-므나헴의 아들(왕하 15:22~26) -군대 장관 베가에게 피살됨
6	베가	740~732	-앗수르에 대항하기 위해 연합할 것을 요구했으나 거절한 유다 왕 아하스에게 보복하기 위해 수리아와 연합하여 남유다를 공격했으나 실패함(왕하 15:27~31) -호세아의 반역에 의해 피살됨
7	호세아	732~722	-북이스라엘 마지막 왕 -앗수르에 대항하기 위해 애굽과 연합했으나 실패하고 앗수르에 포로로 끌려감

II. 중심 메시지

1. 하나님을 반역하고 불순종하면 반드시 심판이 따른다.

호 2:8~13

2. 택하신 백성을 사랑하시는 하나님께서는 그들의 죄를 속량하신다.

호 3:1~5

....

....

3. 하나님은 죄인을 징계하시지만 회개하면 회복시켜 주신다.

호 6:1~3

....

....

※ 성경에 기록된 5명의 호세아

  1. 구약 호세아서의 저자(호 1:1)
  2. 여호수아의 원명(민 13:8)
  3. 다윗 왕 때 에브라임 지파의 관장(대상 27:20)
  4. 북이스라엘 최후의 왕(왕하 15:30)
  5. 느헤미야 때 언약에 인봉한 자 중 한 사람(느 10:23)

III. 호세아의 메시지

　호세아는 크게 2가지 메시지를 선포하고 있다. 첫째로, 음란한 여인인 고멜과 자신의 결혼 생활을 통해 이스라엘 백성을 향한 하

나님의 사랑과 이스라엘 백성의 패역을 선포하며 회개를 촉구한다
(호 1:2~3:5). 둘째로, 이스라엘 백성의 죄악에 대한 하나님의 심판
과 회복을 선포한다(호 4:1~14:9).

1. 호세아의 가정에 비유된 이스라엘의 불신앙(1~3장)

호세아는 자신의 가정에 비유된 이스라엘의 불신앙을 지적했다.
그는 음란한 아내를 취하여 음란한 자식을 낳으라는 하나님의 명령
에 순종하여 정숙하지 못한 여인 고멜과 결혼한 후 비극적인 결혼
생활을 통해 이스라엘 백성에게 하나님의 사랑의 메시지를 증거했다.

1) 호세아의 가정(1:1~9)

호세아는 이스라엘의 죄악과 하나님의 심판을 선포하기 위해 음
란한 아내를 취해 음란한 자식들을 낳으라는 하나님의 명령에 순종
하여 고멜과 결혼하고 세 명의 자녀를 낳았다.

호 1:2~3

순서	이름	이름의 뜻	이스라엘과의 관계
아들	이스르엘 (1:4)	하나님이 흩으신다 -심으신다는 뜻도 있다	하나님을 떠나 우상 숭배하며 주변국을 의지하는 이스라엘의 모습
딸	로루하마 (1:6)	아버지의 사랑이 없다	
아들	로암미 (1:8~9)	내 백성이 아니다	

호 1:4~9

....

....

2) 이스라엘 백성의 회복(1:10~2:1)

이스라엘은 죄로 인해 왕국은 멸망하지만 하나님께서 그의 택하신 백성은 회복시키실 것이다.

호 1:10~11

....

....

3) 죄와 징계(2:2~13)

(1) 호세아는 자녀들에게 어머니 고멜과 논쟁하고, 그녀에게서 음행을 제하라고 말했다.

호 2:2

....

....

(2) 여기서 고멜은 범죄한 '이스라엘 백성'을, 호세아는 '하나님'을, 자녀들은 '이스라엘 백성 가운데 경건한 자들'을 가리킨다. 하나님께서는 이스라엘의 경건한 자들을 향하여 악의 세

력에 대항하여 선한 싸움을 싸우라고 요구하신 것이다. 그렇게 해야 자신과 부패한 나라를 구할 수 있기 때문이다.

(3) 이스라엘 백성은 계속 우상을 숭배하며, 자신들이 사랑하는 우상에게 축복을 기대할 것이다. 그러나 하나님께서는 은혜를 저버리고 우상을 숭배한 죄에 대한 징계로 그들을 환난에 처하게 하실 것이다.

호 2:5~6

(4) 하나님께서는 그들의 수치를 드러낼 것이며, 절기를 통해 얻는 모든 기쁨을 폐하실 것이라고 경고하셨다.

호 2:10~11

(5) 하나님께서는 바알을 섬긴 이스라엘 백성을 징계하실 것이다.

호 2:13

4) 회개한 자에 대한 회복(2:14~23)

(1) 하나님께서는 범죄하여 징계를 받는 백성들을 위로하고, 다시 축복을 내려 주심으로 회개하게 하며, 새 언약을 통해 하나님과 그들과의 관계를 회복하실 것이라고 하셨다.

호 2:14~16

......

......

(2) 그날에 회개하는 자들은 짐승이나 곤충들로 인해 해를 받지 않게 할 것이며, 그들과 영원히 살기 위해 새롭게 언약을 맺으시겠다고 하셨다. 이는 하나님께서 언약하신 백성의 모든 죄를 사하시고 의롭게 하실 것에 대한 약속이다.

호 2:18~19

......

......

(3) 이때 이스라엘 백성은 야훼를 알므로 그의 계명을 지킬 것이며, 하나님께서는 그들의 기도에 응답하실 것이다. 또한 하나님께서 하늘에 명하시어 땅이 원하는 비를 주고, 땅은 곡식과 포도가 필요로 하는 양분을 공급하여 이스라엘이 풍성한 수확을 거두게 될 것이다.

호 2:20

_____

_____

5) 타락과 구속의 예언(3:1~5)

당시 이스라엘 백성은 남편을 두고 간음한 여인처럼 타락했다. 호세아는 바람난 고멜을 값을 치르고 다시 데려오는데, 이는 죄를 지은 이스라엘 백성이 회개하기까지 인내하시는 하나님의 공의로운 사랑의 표현이다.

호 3:1~2

_____

_____

2. 이스라엘의 죄와 징계(4~14장)

호세아는 아홉 번의 설교를 통해 이스라엘 백성의 죄가 가득 차서 마침내 피할 수 없음을 예고하며, 하나님께 돌아올 것을 호소한다. 하나님께 돌아오는 자는 용서와 사죄가 있고 언약을 새롭게 할 것임을 선포했다.

1) 첫 번째 설교(4:1~5:4)

호세아는 이스라엘 백성이 하나님을 아는 지식의 결핍으로 죄를 범하는데, 이에 대해 하나님께서 심판하실 것을 선포했다.

(1) 호세아의 호소

호세아는 이스라엘 백성의 아홉 가지 죄를 지적하는데, 그중 세 가지는 주로 하나님을 상대로 한 종교적인 죄이고, 나머지 여섯 가지는 주로 사람을 상대로 한 도덕적인 죄로써. 그들의 땅이 황폐되어 가는 이유도 이런 죄악 때문임을 밝힌다.

호 4:1～3

_____

_____

(2) 종교 지도자들의 타락

이스라엘이 타락하여 멸망할 수밖에 없는 원인은 종교 지도자들인 제사장들이 타락했기 때문이다. 제사장들이 율법을 버리고 물질에 대한 탐욕으로 하나님의 제단을 더럽히는 등 죄를 범했는데, 백성들은 하나님에 대한 지식이 결여된 채 제사장들의 죄를 답습했던 것이다.

호 4:4～6

_____

_____

(3) 백성들을 타락으로 몰고 간 제사장들에게 하나님의 심판이 임하게 될 것이다.

호 4:7~10

....

....

(4) 백성의 타락

하나님을 아는 지식이 없는 백성은 우상 숭배와 함께 음행을 저
질렀다. 당시 근동 지방의 우상 숭배 의식에는 매춘이 동반되었다.

호 4:12

....

....

렘 2:20

....

....

렘 3:6

....

....

(5) 심판

하나님에 대한 지식이 없어 영육 간에 음란죄에 빠진 이스라엘
백성은 심판을 받게 될 것이다.

호 5:1~4

....
....

2) 두 번째 설교(5:5~6:3)

호세아는 북 왕국 이스라엘과 남 왕국 유다 백성 모두가 교만한 죄를 지었음을 지적하고 그에 대한 하나님의 심판이 따를 것을 선포했다.

(1) 하나님을 떠난 이스라엘과 유다(5:5~11)

① 호세아의 사역 초기 이스라엘 왕인 여로보암 2세는 이스라엘의 영토를 확장하여 그 지계를 하맛 어귀에서부터 아라바 바다까지 넓혔다(왕하 14:23~27). 그러자 이스라엘은 그것이 자신들의 노력과 우상의 덕이라고 생각하며 교만하여 하나님을 의지하지 않고 선지자의 교훈을 거부했다.

왕하 14:25

....
....

호 5:5

....
....

② 사람의 명령 따르기를 좋아하며 죄에서 돌이킬 줄 모르는 이
　스라엘 백성과 그 악을 답습하는 유다 백성에게 심판이 임할
　것이다.

호 5:10~11

....

....

(2) 심판의 형태(5:12~14)

　하나님의 심판은 좀 같으며 썩이는 것같이 서서히, 그러나 확실
히 이루어질 것이다. 앗수르가 이스라엘을 삼키고(B.C. 722) 유다
를 괴롭히는 것은 하나님께서 앗수르를 도구로 사용하여 이스라엘
과 유다를 심판하시는 것이다.

호 5:12~14

....

....

(3) 진실한 회개의 촉구(5:15~6:2)

　하나님께서는 그의 백성을 흩으신 후에 하늘 처소로 돌아가시겠
다고 말씀하신다. 이스라엘 백성이 회개하고 돌이킬 때까지 은혜를
거두시겠다는 것이다.

호 5:15

....

....

(4) 야훼를 알자(6:3)

북이스라엘이 교만해져서 망하고 남유다도 같은 죄로 넘어진 것은 그들이 하나님을 알지 못한 까닭이었다(호 5:3~5). 그러므로 호세아는 '힘써 야훼를 알자'라고 외친다.

호 6:1~3

....

....

3) 세 번째 설교(6:4~7:7)

호세아는 인애를 상실한 북 왕국 이스라엘의 죄를 책망하고, 심판을 경고하며, 이스라엘이 처한 결과에 대해 선포했다.

(1) 인애를 원하시는 하나님(6:4~6)

인애란 하나님과 그의 백성 간에 맺어진 언약 관계에서 요구되는 '하나님께 대한 사랑'과 '이웃 사랑'을 의미한다. 하나님은 인애를 원하시기 때문에 경건한 체하며 이웃에게 불의를 행하는 이스라엘을 심판하신다. 인애는 '하나님을 아는 지식'에 근거를 두어야 한다. 진정한 인애는 하나님을 아는 자만이 가질 수 있다.

호 6:4~6

_____

_____

(2) 인애를 상실한 길르앗과 세겜 제사장들(호 6:7~11)

인애를 상실한 대표적인 예는 길르앗과 세겜 제사장들의 포악함이다. 이 두 성읍은 도피성임에도(수 20:7~9) 불구하고 인애를 상실했다.

호 6:8~9

_____

_____

(3) 혼란스러운 이스라엘(호 7:1~7)
① 인애가 없는 이스라엘은 온갖 죄를 지으며, 우상을 숭배하고, 정욕을 따라 살았다.

호 7:1~4

_____

_____

② 이스라엘은 인애가 없는 결과로 혼란에 빠져 거듭되는 내란으로 결국 망하게 되었다. 이스라엘은 여로보암 2세 이후 호세아 왕까지 여섯 왕이 통치하던 30년 동안(B.C. 753~722) 네

차례에 걸쳐 내란이 일어났고, 결국 앗수르의 침략을 받아 B.C. 722년에 멸망했다(왕하 17:1~6).

4) 네 번째 설교(호 7:8~8:16)

호세아는 이스라엘 백성의 종교적, 도덕적 타락은 정치 지도자들이 주변 강대국을 의지하여 국가의 안정을 꾀하려는 행위에서 비롯되었음을 선포했다.

(1) 이스라엘의 혼합종교(호 7:8~9)

이스라엘은 마치 전병을 구울 때 뒤집지 않으면 한쪽은 불에 타버리고 한쪽은 익지 않아 버릴 수밖에 없는 것같이, 한편은 종교적인 위선으로 타버리고 한편은 이방과 다름없이 세속화되어 있었다. 이처럼 이스라엘은 야훼도 섬기며 우상도 섬기는 혼합종교(syncretism)를 통해 복을 받고자 했다.

호 7:8~9

------

(2) 하나님을 의지하지 않고 주변국을 의지함(호 7:10~16)

이스라엘 백성은 하나님의 택함 받은 선민임에도 불구하고 하나님을 의지하지 않고 앗수르나 애굽 같은 강대국을 의지하는 죄를 범했기 때문에 심판하실 것이다.

호 7:11~12

_____

_____

(3) 임박한 대적의 침략(8:1~3)

이스라엘 백성은 "너희가 내게 대하여 제사장 나라가 되며 거룩한 백성이 되리라"(출 19:6)라는 시내 산 언약과 율법을 어겼기 때문에 마침내 원수가 덮칠 것이다.

호 8:1~3

_____

_____

(4) 이스라엘의 멸망(호 8:4~10)

① 이스라엘은 하나님께로 말미암지 않은 왕들이 세워졌고, 은과 금으로 자기를 위하여 우상을 만들었으므로 결국은 파괴되고 말 것이다.

호 8:4~6

_____

_____

② 북이스라엘은 약 210년(B.C. 930~722) 동안 아홉 왕가에서 19명의 왕이 세워졌으나, 그들은 모두 하나님께서 세우신 다

윗 가문의 왕들이 아니라 자의로 세운 왕들이다. 한편 여로보암 1세(왕상 11:31; 14:7)나 예후(왕하 9:3)는 하나님께서 세우신 왕이라고 볼 수 있지만, 그들 역시 하나님께서 범죄한 이스라엘을 징계하시기 위해 세운 자들일 뿐이다.

호 13:11

---

③ 북이스라엘 왕조는 대부분 반란에 의해 무너졌다. 특히 호세아 선지자가 활동했던 여로보암 2세 이후에는 극도로 혼란한 상태에 있었다(왕하 15:8~30). 이 같은 이스라엘 말기의 빈번한 왕위 찬탈과 우상 숭배는 이스라엘의 멸망을 재촉하여 결국 열국에 삼켜지게 되었다.

호 8:8

---

④ 이스라엘이 하나님의 보호를 거부하고 앗수르와 여러 나라에 조공을 보내는 등 인위적인 해결책을 쓴 것은 하나님의 징계를 가중하는 결과를 초래했다.

호 8:9~10

----

(5) 거짓 예배와 우상 숭배(호 8:11~14)

이스라엘은 하나님의 심판을 모면하기 위해 하나님이 기뻐하시지 않는, 즉 율법에 근거하지 않은 인본주의적 제단을 많이 만들었기 때문에 이방의 포로로 끌려가 과거 애굽에서 당한 수치와 고통을 당하게 될 것이다.

호 8:11~13

북 왕국 이스라엘이 멸망한 이유

멸망한 이유	성구
종교 지도자들이 타락함	호 5:1
하나님의 징계에도 회개하지 않음	호 7:10
강대국을 의지함	호 7:11; 8:9
언약과 율법을 범함	호 8:1
선을 싫어하고 버림	호 8:3; 10:13
모든 일을 하나님 없이 임의로 함	호 8:4
왕과 방백을 의지함	호 8:4
우상을 숭배함	호 8:4~6; 10:1
자기를 지은 자를 잊어버림	호 8:14
하나님을 두려워하지 않음	호 10:3
도덕적으로 크게 타락함	호 10:9
용사를 의지함	호 10:13

5) 다섯 번째 설교(9:1~17)

호세아는 복의 근원이신 하나님의 사랑과 은혜를 배반하고 우상을 숭배한 이스라엘 백성의 죄를 책망하고 심판을 선포했다.

(1) 부패한 죄에 대한 심판(호 9:1~6)
① 이스라엘 백성은 하나님의 은혜로 풍성한 추수를 하였음에도 불구하고 하나님을 떠나 가나안의 농경신인 바알을 따르며 바알에게 감사하는 축제를 벌일 정도로 타락해 있었다. 그렇기 때문에 하나님께서 이스라엘에 주신 물질적인 복을 거두어 갈 것이며, 하나님께서 기업으로 주신 땅에서 쫓겨나 비참한 생활을 할 것이다.

호 9:1~3

----

② 이스라엘 백성은 제사를 드릴 수 없고, 애굽으로 피신하여도 죽임을 당할 것이다.

호 9:4~6

----

(2) 선지자들에 대한 경고(호 9:7~15)

선지자들은 백성을 돌보아야 할 사명이 있음에도 불구하고 자신들이 먼저 부패하고 백성의 악행을 방관했기 때문에 심판을 받을 것이다.

호 9:7~9

....

....

(3) 하나님의 저주(호 9:16~17)

하나님의 사랑을 배반하고 바알을 숭배한 이스라엘은 심판을 받을 것이다.

호 9:16~17

....

....

6) 여섯 번째 설교(10:1~15)

호세아는 이스라엘 백성이 금송아지를 숭배하고 이방을 따라 행함으로 하나님과 다윗 왕가를 떠난 죄를 책망하고 심판을 경고했다.

(1) 이스라엘의 죄와 심판(호 10:1~8)
① 이스라엘은 그 땅이 번영할수록 하나님께 감사하기보다 우상숭배에 빠졌기 때문에 심판을 받을 것이다.

호 10:1~2

....

....

② 이스라엘은 하나님의 심판이 임하는 날, 자기들이 믿고 의지
했던 벧아웬의 우상이 자기들을 구해 줄 능력이 없다는 것을
알고 슬퍼하며 두려워할 것이다.

호 10:5~8

....

....

호세아서에 나타난 우상 숭배 장소

장소	성구	비고
길갈	4:15; 9:15; 12:11	호세아, 아모스 시대에 우상 숭배의 중심지가 됨
미스바	5:1	길르앗의 미스바(삿 10:17), 길르앗 라못이라 부름
다볼	5:1	
기브아	5:8; 9:9; 10:9	베냐민의 기브아(삿 20:10; 삼상 13:2, 15), 사울의 기브아(삼상 11:4; 사 10:29)로 기록되기도 함
라마	5:8	
벧아웬	4:15; 5:8; 10:15	원래는 벧엘로 불림, 여로보암 1세가 이곳에 금송아지를 세운 후 우상 숭배의 중심지가 됨

(2) 전쟁과 포로(호 10:9~15)

기브아 시대(삿 19:22~21:25)와 동일한 죄악의 상태에 처한 이
스라엘은 전쟁을 통한 심판으로 노예와 같은 비참한 삶을 살게 될

것이다.

호 10:9~10

....

....

7) 일곱 번째 설교(호 11:1~12:14)

호세아는 범죄한 이스라엘은 공의로우신 하나님의 징계로 멸망하지만, 남은 자들은 하나님의 무조건적인 사랑으로 포로가 된 곳이나 피난 갔던 곳에서 다시 고국으로 돌아올 것을 선포했다.

(1) 하나님의 사랑(호 11:1~11)
① 하나님께서는 이스라엘 백성을 자녀처럼 사랑하여 애굽에서 불러내시고 율법과 계명을 통해 마땅히 행할 바를 가르쳐 주셨다. 그런데도 그들은 하나님의 사랑을 알지 못했다.

호 11:1~4

....

....

② 하나님께서는 그의 사랑을 거역하고 우상을 숭배한 이스라엘을 머지않아 앗수르를 통해 심판하실 것이다.

호 11:5~7

....

....

③ 이스라엘 백성은 그들의 범죄로 멸망하지만, 하나님께서는 무
  조건적인 사랑으로 그들을 회복시킴으로 남은 자들이 포로가
  된 곳이나 피난 갔던 곳에서 다시 돌아오게 될 것이다.

호 11:8~11

....

....

(2) 이스라엘의 인본주의적 태도에 대한 회개 촉구(호 11:12~12:14)
① 이스라엘은 거짓되게 하나님을 섬기며 앗수르와 애굽의 도움
  을 받으려 한 지도자들의 행위로 인해 심판을 받을 것이다.

호 12:1~2

....

....

② 하나님께서는 이스라엘의 조상인 야곱이 얍복 강가에서 인본
  주의를 회개하고 복을 받은 것처럼, 이스라엘 백성이 인본주
  의를 회개하고 하나님께 돌아와 복을 받으라고 촉구하신다.

호 12:3~6

_____

_____

③ 이스라엘 백성이 가나안의 상인들처럼 하나님의 법을 떠나 이
   웃을 속이며 인본주의로 살면, 그들의 조상이 죄 때문에 광야
   에서 유랑한 것같이 이방 땅에서 유랑하게 될 것이다.

호 12:7~9

_____

_____

④ 이스라엘 백성은 선지자들을 통한 경고에도 불구하고 우상을
   숭배했기 때문에 멸망할 것이다.

호 12:10~11

_____

_____

8) 여덟 번째 설교(호 13:1~16)

호세아는 이스라엘 멸망의 궁극적인 원인은 우상 숭배와 인본주
의적 죄인 것을 지적하고 이에 따른 심판을 선포했다.

(1) 이스라엘의 우상 숭배와 하나님의 심판(호 13:1~8)

① 하나님께서 에브라임 지파를 선택하여 다른 지파보다 높여 주셨음에도 불구하고 교만해져서 하나님께 감사하지 않고, 오히려 우상을 숭배하였기 때문에 심판을 받을 것이다.

호 13:1~3

----

② 이스라엘 백성은 하나님의 사랑과 은혜를 배반하고 교만했기 때문에 심판을 받을 것이다.

호 13:6~8

----

(2) 인본주의적인 왕을 구한 이스라엘에 대한 심판(호 13:9~16)
① 과거 이스라엘 백성이 인본주의적인 왕을 구한 것(삼상 8:19)으로 인해 심판을 받은 사실을 상기시키며, 난산에 처하여 모자가 같이 죽는 것을 비유로 들어 회개하지 않아 멸망에 처하게 될 이스라엘 백성의 어리석음을 책망한다.

호 13:9~13

----

② 하나님께서 이스라엘의 죄를 심판하시지만 회개하고 하나님
께로 돌이키는 자는 회복시켜 주실 것이다.

호 13:14

....

....

③ 범죄한 이스라엘 백성에게 하나님의 심판이 임할 것이다.

호 13:15~16

....

....

9) 아홉 번째 설교(호 14:1~9)

호세아는 북이스라엘 백성의 회개를 촉구하고 회개한 자에게 임
할 회복의 축복을 선포했다. 이는 호세아서의 중심 주제인 인간의
범죄와 배반에도 불구하고 용납하고 용서하시는 '하나님의 사랑'을
잘 보여 준다.

(1) 회개 촉구(호 14:1~3)

호세아는 북이스라엘 백성에게 회개와 헌신을 촉구했다.

호 14:1~3

··

··

(2) 회개한 자에게 임할 복(호 14:4~9)
① 하나님께서는 회개한 백성을 용서해 주실 뿐 아니라 이전보다
   더욱 사랑하시며 번영할 것을 약속하셨다.

호 14:4~8

··

··

② 호세아는 의인과 악인의 길을 대비하여 보여 줌으로 의인의
   길로 다니라고 교훈한다.

호 14:9

··

··

02

요엘

요엘서에 나타난 주요 지명들

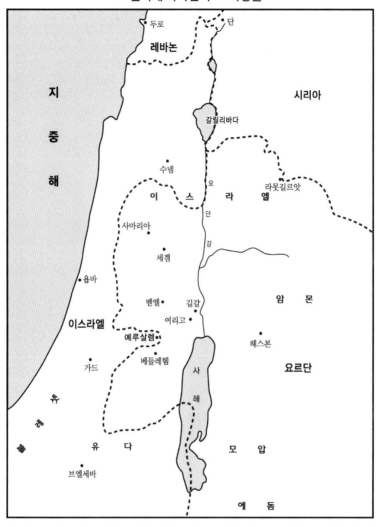

Ⅰ. 시대적 상황

요엘의 사역 시기는 분명하지 않지만, 학자들은 남유다 8대 왕 요아스의 통치 초기로 본다. 이때는 대제사장 여호야다가 북이스라엘의 아달랴를 왕위에서 몰아내고 요아스를 왕으로 세워 종교 개혁을 단행하던 시기이다.

Ⅱ. 중심 메시지

1. 야훼의 심판의 날이 임박했다.

욜 1:15

```
```

2. 회개하고 야훼께로 돌아와야 한다.

욜 2:12

```
```

3. 야훼께로 돌아온 자에게는 은혜를 베푸신다.

욜 2:17~18

III. 요엘의 메시지

요엘은 임박한 야훼의 날을 예언하고 회개를 촉구하며(욜 1:2~2:17), 회개하는 자에게 주어질 구원의 약속을 선포한다(욜 2:18~3:21).

1. 메뚜기 재앙에 대한 예언(욜 1:1~20)

1) 재앙의 시작(욜 1:1~4)

(1) 하나님께 죄를 짓고 불순종한 유다 백성은 메뚜기 재앙을 당하게 될 것이다. 하나님께서는 이 재앙의 사건을 자손 대대로 전할 것을 명령하셨는데, 이는 후손들이 다시는 동일한 죄를 범하지 않도록 하기 위함이다.

욜 1:3

------

(2) '메뚜기'를 네 가지 명칭으로 반복한 것은 그만큼 큰 재앙임을 강조하기 위함이다. 팥중이, 느치, 황충은 모두 '메뚜기'를 가리키는 각기 다른 네 개의 히브리어를 우리 말로 옮긴 것이다.

욜 1:4

메뚜기 재앙에 대한 해석

풍유적 해석	메뚜기는 실재한 곤충이 아니라 이스라엘의 적군을 상징한다.
문자적 해석	당시 메뚜기 재앙이 실재했다.
계시적 해석	실재했던 사건이며, 미래에 있을 전쟁으로 인한 피해를 상징한다(보편적으로 받아들이는 해석이다).

2) 땅이 황폐하게 될 것을 선포함(욜 1:5~12)

(1) 유다는 B.C. 8세기 전반에 번영을 누렸지만 영적, 도덕적, 사회적으로는 매우 타락한 시기였다. 이때 유다 백성은 제사 드릴 때도 포도주에 만취되는 등 형식적인 제사의식만 남아 있었다.

욜1:5

(2) 따라서 요엘은 결혼 직전에 약혼한 남자와 사별한 처녀의 슬픔을 비유로 들어, 완악한 유다 백성에게 땅이 황폐하여 소산이 없어지게 될 것을 선포했다.

욜 1:8~12

※ 이스라엘에서는 약혼을 법적으로 결혼과 동등하게 여겼다.

신 22:23~24

3) 제사장들에게 회개를 촉구함(욜 1:13~15)

(1) 요엘은 제사장들에게 유다의 황폐로 인해 야훼께 제물을 드리지 못하는 책임을 지고 밤새도록 통회하라고 촉구했다.

욜 1:13~14

(2) 요엘 선지자가 제사장들을 비롯하여 모든 백성에게 회개할 것을 촉구한 것은 장차 이 재앙들보다 더 무서운 심판을 받지 않도록 하기 위함이다.

욜 1:15

---

4) 재앙의 참상(욜 1:16~20)

심판 날에는 씨앗이 자라지 못하여 식물이 없어지므로 제사 드릴 제물을 준비하지 못하고, 가축들은 가뭄으로 물과 꼴이 없어 울부짖게 된다.

욜 1:17~18

---

2. 임박한 '야훼의 날' 예언(욜 2:1~32)

1) 야훼의 날의 심판(욜 1~11)

(1) 메뚜기 재앙은 '야훼의 날'의 심판을 예표한다. '야훼의 날'은 구원의 날이 아니라 심판의 날이다. 한편 요엘서에서 '야훼의 날'은 다섯 번 나타난다(욜 1:15; 2:1~2, 11, 31; 3:14).

욜 2:1~2

_____

_____

(2) 메뚜기 떼가 남유다 땅을 습격하는 것처럼 이방 군대가 메뚜
기 떼처럼 유다 땅을 침략할 것이다. 여기서 메뚜기 떼로 비
유된 이방 군대는 일차적으로 앗수르 왕 산헤립의 군대와 남
유다를 멸망시킨 바벨론 군대를 가리킨다. 그러나 궁극적으
로는 종말에 교회를 박해할 사탄의 세력을 가리킨다.

2) 회개 촉구(욜 2:12~17)

(1) '야훼의 날'의 심판의 목적은 이스라엘 백성의 멸망이 아니라
회개하여 구원을 얻도록 하기 위함이다.

(2) '야훼의 날'은 심히 두렵고 그 앞에 능히 설 자가 없는 날이
지만, 옷을 찢지 말고 마음을 찢고 하나님 앞에 나아가면 하
나님께서 뜻을 돌이키시고 재앙을 내리지 않으신다.

욜 2:12~13

_____

_____

3) 회개한 자에 대한 약속(욜 2:18~27)

회개한 자는 '메뚜기 재앙'이 상징하는 '대적의 침입'으로 인한

환난에서 구원을 받아 풍족하고 평안한 삶을 살게 될 것인데, 이는
궁극적으로 천국에 대한 예표이다.

욜 2:18~26

비	이른 비	10~11월경 내림	파종	성령강림을 통한 복
	늦은 비	3~4월경 내림	추수	은혜의 시작과 완성

4) 성령강림과 영적 구원 약속(욜 2:28~32)

신약시대 오순절 날(행 2:1~36) 성취될 성령강림과 영적 구원에
대한 예언이다. 즉, 메시아의 지상 사역 이후 오순절 성령강림을 시
작으로 성령 충만을 받은 하나님의 백성이 이상을 보고, 야훼의 이
름을 부르는 자들은 구원을 얻게 된다.

욜 2:28~32

3. 열국에 대한 심판과 이스라엘의 승리와 축복(욜 3:1~21)

1) 열국에 대한 심판(욜 3:1~15)

야훼의 날이 임하기 전 하나님의 백성을 괴롭힌 이방 민족과 세상의 모든 나라들에 대한 심판이 시작된다. 그 심판은 주님의 재림으로 절정에 달할 것이다(계 19:11~21).

욜 3:2

2) 이스라엘의 승리와 축복(욜 3:16~21)

회개하는 하나님의 백성은 '야훼의 날'에 하나님과 올바른 관계를 회복할 것이다. 그들은 하나님의 보호를 받고, 거룩함이 회복되며, 물질과 영적인 축복을 받고, 영원히 존속되며, 하나님께서 대적의 악행을 갚아 주실 것이다.

욜 3:16~21

03

아모스

"주 야훼의 말씀이니라

보라 날이 이를지라

내가 기근을 땅에 보내리니

양식이 없어 주림이 아니며

물이 없어 갈함이 아니요

야훼의 말씀을 듣지 못한 기갈이라"

(암 8:11)

아모스서에 나타난 주요 지명들

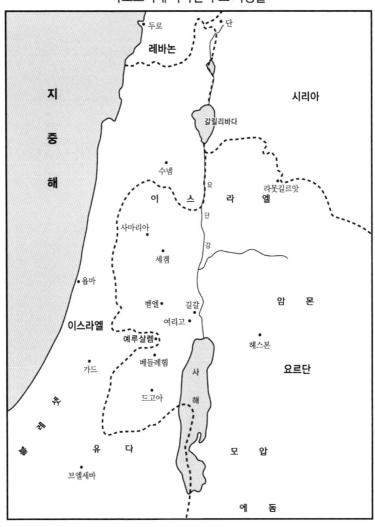

I. 시대적 상황

1. 여로보암 2세(B.C. 793~753)가 통치하던 때의 북이스라엘은 정치적, 경제적으로 번영한 시기였다. 이스라엘을 위협하던 아람 왕 벤하닷 3세가 앗수르에 패배했기 때문이다. 하지만 경제적 번영은 사회적, 종교적 부패를 가져왔다. 사회 정의가 실현되지 못하여 일부 계층이 부를 독점하고, 가난한 자들은 억압을 당하였다(암 2:6; 4:1; 5:11~12; 8:4).

2. 이런 상황에서 남유다 드고아의 농부 출신인 아모스가 하나님의 부르심을 받고 타락한 북이스라엘의 종교 중심지인 벧엘과 수도 사마리아에서 예언 활동을 하였다.

암 7:14~15

II. 중심 메시지

1. 공의는 하나님의 속성이며 인간 도덕의 본질적인 요소이다.

암 5:24

2. 하나님의 심판은 그의 백성에게 내리는 공의의 이행이다.

암 3:2

III. 아모스의 메시지

아모스의 메시지는 북이스라엘의 영적, 도덕적 죄악을 지적하고 이에 대한 하나님의 심판을 선언하는 내용으로 일관하고 있다. 한편 아모스는 심판의 원인이 하나님 앞에서 공의를 행하지 않는 데 있으며, 이 심판은 이방인이나 선민을 불문하고 범죄한 모든 사람에게 주어진다는 사실을 선포하고 있다.

1. 이방에 대한 심판 예언(암 1:3∼2:3)

	죄목	형벌 예언	예언의 성취
다메섹 (1:3∼5)	길르앗에 대한 압박	궁궐 소각, 요새 파괴, 포로 생활	앗수르에 멸망 (B.C. 732)
가사 (1:6∼8)	비인도적인 인신매매	가사성을 불태움 온 백성의 멸절	오늘날 그 거민은 흔적도 없게 됨
두로 (1:9∼10)	이스라엘과의 동맹을 어기고 이스라엘 사람들을 노예로 팖	두로 성이 불탐	B.C. 333년 마케도니아의 알렉산더에 의해 멸망, 지도자들 처형, 거민들 노예
에돔 (1:11∼12)	형제(이스라엘)에 대해 노와 분을 품음	도성을 불로 심판	B.C. 582년 바벨론에 의해 멸망(렘 49:7∼22)

	죄목	형벌 예언	예언의 성취
암몬 (1:13~15)	영토 확장의 탐욕으로 이스라엘의 아이 밴 여인의 배를 가르는 죄를 범함	전쟁과 궁궐 소각, 왕과 방백이 사로잡혀 감	B.C. 580년 바벨론 침략
모압 (2:1~3)	에돔 왕의 **뼈**를 불살라 재로 만듦	전쟁 중 멸망, 궁궐에 불, 제사장과 지도자들 죽음	바벨론의 나보폴라살에 의해 멸망

2. 남유다에 대한 심판(암 2:4~5)

남유다는 야훼의 율법을 멸시하고, 율법의 규례를 어기는 죄를 범한 결과 B.C. 586년 바벨론에 의해 멸망함으로 예언이 성취되었다.

암 2:4

3. 북이스라엘에 대한 심판(암 2:6~16)

북이스라엘은 사회가 정의를 상실하고, 우상의 신전에서 가증한 죄를 범한 결과 B.C. 722년 앗수르에 의해 멸망함으로 예언이 성취되었다.

암 2:6~8

---

4. 북이스라엘의 죄와 하나님의 심판(암 3:1~6:14)

아모스는 북이스라엘의 죄에 대한 하나님의 심판을 네 번에 걸쳐 예언했다.

1) 1차 예언(암 3:1~15)

(1) 하나님께서는 이스라엘 백성을 애굽 땅에서 인도해 내셨기 때문에 더 큰 윤리적 책임을 갖도록 요청하셨다. 그런데도 그들은 큰 죄를 범했기 때문에 심판을 받게 될 것이다.

암 3:1~2

---

(2) 하나님께서는 이방인들을 산으로 모아다가 사마리아 성에서 벌어지는 온갖 부정을 보이심으로 북이스라엘로 하여금 수치를 당하게 하실 것이다.

암 3:9

....

....

(3) 북이스라엘 백성은 목자가 사자의 입에서 양의 두 다리나 귀
조각을 건져냄같이 건져냄을 받을 것이다.

암 3:12

....

....

(4) '벧엘의 제단'에 형벌을 내리심으로 우상 숭배의 죄악을 갚으
시고, 부정 축재한 귀족들의 호화스러운 사치의 죄악을 멸하
실 것이다.

암 3:14~15

....

....

(5) 이 같은 이스라엘 멸망에 대한 예언은 B.C. 722년 앗수르 왕
살만에셀 5세에 의해 성취되었다.

왕하 17:6

_____

_____

2) 2차 예언(4:1〜13)

(1) 북이스라엘 백성은 힘 없는 자를 학대하며 가난한 자를 압제
　　하는 죄를 범했다.

암 4:1

_____

_____

(2) 이에 하나님께서는 가뭄의 재앙, 깜부기 재앙, 팥중이 재앙,
　　전염병, 전쟁의 재앙으로 계속된 징계를 가하셨다. 그런데도
　　이스라엘은 하나님께 돌아오지 않았다.

암 4:9〜10

_____

_____

3) 3차 예언(암 5:1〜27)

(1) 하나님께서는 이스라엘의 멸망에 대한 비통함을 애가로 지어
　　들려주시며 하나님을 찾으라고 말씀하셨으나, 그들은 하나님

을 찾지 않았고 우상을 숭배했기 때문에 불로 심판할 것이다.

암 5:1~6

....

....

(2) 하나님께서는 이스라엘의 외식하는 종교의식을 미워하시며,
정의와 공의가 물 흐르듯 끊임없이 계속 시행되기를 원하
신다.

암 5:21~24

....

....

4) 4차 예언(6:1~14)

교만과 사치에 빠진 지도자들은 앗수르의 침략으로 멸망할 것이다.

암 6:1~7

....

....

5. 북이스라엘에 대한 환상과 회복(암 7:1~9:15)

하나님께서는 아모스에게 북이스라엘의 멸망 과정과 멸망 이후

의 참상에 대한 5가지 환상을 보여 주셨다. 또한 하나님께서는 북이스라엘의 남은 자를 통해 회복을 약속하시는데, 이 메시아 왕국은 그리스도를 통해 시작되는 하나님의 나라이다.

1) 심판에 대한 환상들(암 7:1~9:10)

단계	횟수	환상의 종류	내용	의미	성취
1차	1	메뚜기 (7:1~3)	땅의 풀을 다 먹어 버림	외국 군대 침략	앗수르 왕 디글랏 빌레셀 3세의 1, 2차 침공으로 북이스라엘은 명맥만 유지함
	2	불 (7:4~6)	큰 바다를 삼키고 육지까지 먹으려 함	메뚜기 재앙보다 더 큰 재앙	
1차	3	다림 줄 (7:7~9)	다림 줄을 이스라엘 백성 가운데 둠	공의로 심판하심	전쟁으로 인한 황폐
2차	4	여름 과일 (8:1~14)	여름 과일 한 광주리	심판의 임박성	북이스라엘의 처절한 종말
3차	5	부서지는 문지방(9:1~4)	파괴되는 성전	심판의 완전성	최후의 심판 방법

2) 회복에 대한 예언(암 9:11~15)

아모스는 본서를 마무리하면서 다윗의 무너진 장막 재건, 만국을 기업으로 얻게 함, 풍성한 물질 축복, 바벨론 포로 귀환, 왕국의 영원한 보존 등 이스라엘의 '회복'에 대한 5가지 약속을 예언한다. 이는 일차적으로 선민 이스라엘의 회복에 대한 약속이지만 궁극적으로는 새로운 다윗 왕국의 번영과 그 백성의 영원한 복에 대한 예언이다.

암 9:11~15

04

오바댜

오바댜서에 나타난 주요 지명들

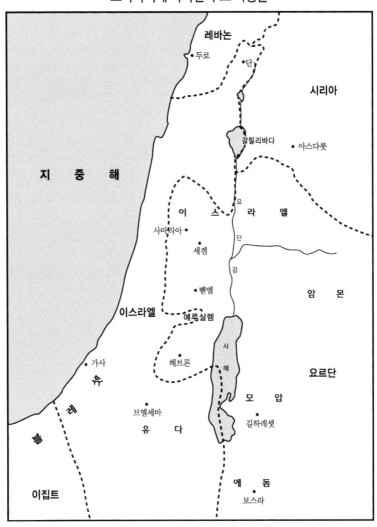

I. 시대적 상황

1. 오바댜는 그의 가계나 선지자로서의 활동 등 개인 행적에 대해서 알려진 바가 없으며 그가 사역한 시대적 상황에 대해서도 알 수 없다. 다만 그가 남유다 출신의 선지자였다는 것은 분명하다.

2. 오바댜는 유다와 형제 나라인 에돔을 적대 관계로 묘사하면서 종국적으로는 에돔이 멸망할 것을 예언하였다. 이들의 적대 관계는 야곱과 에서로부터 기원하며(창 25:27~34; 27장), 후손들 사이의 충돌은 출애굽 때 시작하여(민 20:14~21) 다윗의 에돔 통치(삼하 8:13~14)와 유다 왕 여호람 때 에돔의 반란에(왕하 8:20~22) 이르도록 수 세기 동안 계속되었다.

3. 오바댜 당시에도 에돔은 유다를 멸망시킬 바벨론과 동맹을 맺음으로써 하나님의 심판을 받게 되는 결정적 원인을 제공하였다(옵 1:11~14).

II. 중심 메시지

1. 이스라엘은 구원을 받고 참 기업의 소유주가 될 것이다.

옵 1:17

2. 이스라엘이 에돔의 모든 것을 소유하게 될 것이다.

옵 1:19~20

3. 장차 하나님의 나라가 도래한다.

옵 1:21

III. 오바댜의 메시지

에서의 후손인 에돔 족속(창 36:8~9)은 하나님을 믿지 않았고 자기들의 요새만을 의지하며 교만했다. 이에 오바댜는 에돔 족속의 죄악상을 고발하고 심판을 선언하는 한편 이스라엘의 구원에 대한 약속을 선포하고 있다.

1. 에돔의 멸망에 대한 예언(옵 1:1~9)

1) '에돔'이란 야곱의 형제인 에서에게 주어진 또 다른 이름이지 만(창 25:25~26), 여기서는 그의 후손을 가리킨다.

창 36:8~9

....

....

2) 그들은 하나님을 믿지 않았고 자기들의 요새만을 의지하며 교
   만했다. 이런 에돔에 대해 하나님은 그의 전능하심으로 그들
   의 요새에서 끌어내어 심판하실 것이다.

옵 1:1~3

....

....

3) 에돔은 침략자들에 의해 망할 것인데, 그 누구의 도움도 못
   받은 채 전멸할 것이다. 이 예언은 로마에 의해 에돔이 멸망
   함으로 이루어졌다.

옵 1:9

....

....

렘 49:17

....

....

3. 에돔이 멸망한 이유(옵 1:10~14)

1) 에돔 족속이 멸망한 이유는 B.C. 586년 남유다의 예루살렘이 함락될 때 방관하고 기뻐했기 때문이다. 에돔 족속은 남유다가 패망하는 날 이를 축하하며 예루살렘이 완전히 멸망하기를 바랐다.

옵 1:10~12

시 137:7

2) 에돔 족속은 바벨론의 군대가 휩쓸고 지나간 성안에서 남은 유다의 재물을 약탈했기 때문에 멸망할 것이다.

옵 1:13

애 4:21~22

3) 에돔 족속이 멸망한 이유는 남유다 백성들을 붙잡아 바벨론에
   넘겼기 때문이다.

옵 1:14

---

4. 에돔과 만국의 심판(옵 1:15~16)

에돔은 행한 대로, 만국인과 함께 그들이 마신 죄악의 잔으로 말
미암아 초토화되고 말 것이다.

옵 1:15~16

---

5. 이스라엘 민족의 회복(옵 1:17~21)

1) 하나님이 만국을 심판하실 때 시온 산으로 피한 선민은 기업
   을 얻게 될 것이다.

옵 1:17~18

---

2) 하나님께서 이스라엘 열조에게 약속하신 모든 땅을 회복하며 포로가 된 백성들은 귀환하게 될 것이다.

옵 1:19~20

3) 회복된 이스라엘이 '에서의 산', 즉 '에돔'을 심판할 것이다. 이는 종말에 구원받은 성도들이 그리스도의 권세를 위임받아 세상을 다스리게 될 것을 의미한다.

옵 1:21

05

요나

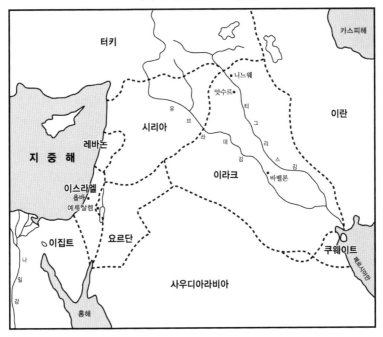

요나서에 나타난 주요 지명들

I. 시대적 상황

1. 요나는 북이스라엘 왕 여로보암 2세의 통치 기간(B.C. 793~
   753)과 거의 일치하는 기간에 사역했다(왕하 14:25). 여로보암
   2세는 하나님께 죄를 범했음에도 불구하고 번영을 이루었다.
   하나님께서 아람의 압제에 시달려 온 이스라엘 백성을 긍휼히
   여겨 주셨기 때문이다.

왕하 14:23~27

---

2. 당시 앗수르는 잠깐 국력이 약화되기는 했지만 여전히 위협적인
존재였다. 이런 앗수르에 대해 선민의식이 강하여 이방인을 경
멸했던 이스라엘 백성은 큰 반감을 품고 있었다. 이러한 민족의
식을 갖고 있던 요나 역시 앗수르가 징벌받는 것을 마땅하게 여
겼기 때문에 앗수르에 하나님의 말씀 선포하는 것을 거부했다.

II. 중심 메시지

1. 하나님은 만물의 주권자이시다.

욘 2:10

---

2. 하나님께서는 택하신 백성에게 만방에 복음을 전파할 사명을 주셨다.

욘 3:2

---

3. 하나님은 회개를 기뻐하신다.

욘 2:2

욘 3:5

III. 요나의 메시지

본서는 선지자 요나를 통해 선포된 심판의 메시지로 인하여 니느웨 성읍 사람들이 회개하고 구원을 얻은 사건을 기록한 책으로서, 하나님의 주권과 하나님의 구원 계획에는 선민 이스라엘뿐만 아니라 전 인류가 포함되어 있음을 보여 준다.

1. 도망하는 요나(욘 1장)

1) 소명과 도피(욘 1:1~3)

니느웨는 당시 앗수르에서 가장 큰 도시였지만 우상 숭배와 전쟁으로 인한 살상이 극에 달했다. 하나님께서는 요나에게 이들을 회개시키도록 하셨는데, 요나는 이를 거절했다.

욘 1:2~3

_____

_____

2) 도피의 결과(욘 1:4~17)

하나님의 명령에 불순종한 요나는 결국 하나님께서 예비하신 물고기 뱃속에 들어가 밤낮 3일을 보내게 된다.

욘 1:17

_____

_____

2. 기도하는 요나(욘 2장)

1) 요나의 서원 기도(욘 2:1~9)

요나는 극심한 고난 가운데서 하나님께 기도를 드렸는데, 그 기도는 구원해 주신 것에 대한 감사와 찬양의 기도이며, '하나님과 맺은 약속을 지키겠다'라는 서원 기도였다.

욘 2:1~2

_____

_____

2) 응답(욘 2:10)

요나가 회개하자 하나님께서 물고기에게 명하심으로 물고기는 요나를 육지에 토했다.

욘 2:10

_____

_____

3. 선교하는 요나(욘 3장)

1) 요나의 예언(욘 3:1~4)

물고기 배 속에서 나온 요나는 40일이 지나면 니느웨가 무너질 것이라고 선포했다.

욘 3:4

_____

_____

2) 니느웨의 회개와 구원(욘 3:5~10)

요나의 설교를 들은 니느웨 사람들이 '금식'하며 회개하자 하나님께서는 그들에게 내릴 재앙을 거두셨다.

욘 3:5

....

....

4. 요나의 새로운 각성(욘 4장)

1) 요나의 불평(욘 4:1~3)

요나는 자기의 예언을 듣고 니느웨가 회개하여 하나님의 용서를
받자 불평하는 국수주의(國粹主義)의 모습을 보였다.

욘 4:1~3

....

....

2) 하나님의 교훈(욘 4:4~11)

하나님께서는 불평하는 요나를 꾸짖으시고, 요나가 머무는 초막
옆에 박넝쿨을 자라게도 하시고 마르게도 하셨다. 이를 통해 하나
님께서 창조한 인간은 박넝쿨과 비교할 수도 없는 존귀한 존재라는
것과 하나님은 죄인과 함께 무죄한 자를 죽이지 않는 분이심을 알
게 하셨다.

욘 4:4~11

....

....

06

미가

"사람아 주께서 선한 것이 무엇임을

네게 보이셨나니

야훼께서 네게 구하시는 것은

오직 정의를 행하며 인자를 사랑하며

겸손하게 네 하나님과 함께 행하는 것이 아니냐"

(미 6:8)

미가서에 나타난 주요 지명들

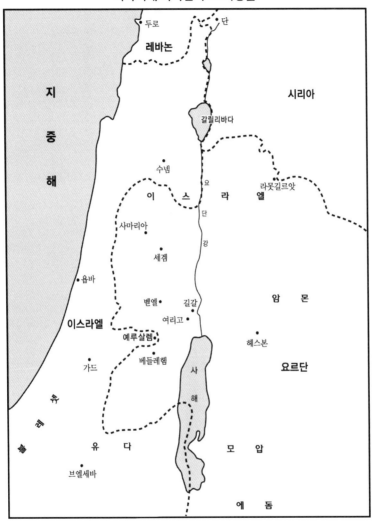

지중해

레바논

두로

단

시리아

갈릴리바다

수넴

요단

라못길르앗

이　스　라　엘

사마리아

단

세겜

강

욥바

암　몬

벧엘

길갈

여리고

이스라엘

헤스본

예루살렘

요르단

가드

베들레헴

사

해

유　다

모　압

브엘세바

에　돔

I. 시대적 상황

1. 미가는 B.C. 733~701년 사이에 하나님의 말씀을 선포했다. 그는 이사야와 같은 시대에 활동한 선지자로서 이사야가 '도시의 귀족' 출신이라면, 미가는 '지방의 서민' 출신이라고 할 수 있다.

2. 미가는 유다의 부유층이 농부나 소작인과 같은 평민에게 행하는 죄악에 대한 심판을 선포했다. 당시 사회의 지도자들이나 부자들은 가난한 사람들을 학대하고 잔인하게 대했다.

미 3:2~3

....

....

3. 당시 앗수르의 디글랏 빌레셀이 북이스라엘과 남유다를 위협했지만, 북이스라엘과 남유다는 여전히 우상을 숭배하는 등 정치적, 사회적, 종교적인 부패로 불안한 상태였다.

4. 미가의 메시지는 8세기 예언자들이 강조한 호세아의 '사랑'과 아모스의 '공의', 이사야의 '겸손'을 종합한 내용으로, 이사야서와 문자나 내용이 비슷한 점이 많아 '이사야서의 축소판'으로 부르기도 한다.

II. 중심 메시지

1. 불의를 행하는 자들에게 하나님의 징벌이 임할 때가 임박했다.

미 2:1∼3

미 3:1∼4

2. 베들레헴에서 메시아가 탄생하신다.

미 5:2

3. 하나님께서 인간에게 요구하시는 것은 공의와 사랑과 겸손이다.

미 6:8

III. 미가의 메시지

미가의 메시지는 '들을지어다'(욘 1:2; 3:1; 6:1)로 시작되는 세 편의 설교로 되어 있다. 각 설교의 전반부는 주로 심판의 경고나 심판의 이유로서 죄를 책망하는 내용이고, 후반부는 회복과 축복을 말하고 있다.

1. 사마리아와 유다의 심판(미 1~3장)

하나님께서는 우상 숭배와 사회적인 부조리로 부패한 이스라엘과 유다를 심판하실 것인데, 남은 자들은 회복하겠다는 약속도 아울러 주신다.

1) 사마리아와 예루살렘 멸망 예언(미 1:1~16)

(1) 미가는 사마리아와 예루살렘의 멸망을 예언했다. 그는 사마리아의 우상 숭배가 유다까지 전염되었기 때문에 멸망할 것을 예언했다.

미 1:1~9

(2) 이는 일차적으로 앗수르 왕 사르곤 2세가 B.C. 722년 북이스라엘을 정복한 후 B.C. 701년경 산혜립이 남유다까지 침략한

것을 말하며, 궁극적으로는 B.C. 586년 바벨론에 의해 멸망
할 것을 말한다.

2) 심판의 이유(미 2:1∼11)

(1) 하나님께서 이스라엘과 유다를 심판하시는 이유는 부유층과
    권세자들이 약하고 가난한 자들을 학대하고 재산을 탈취했기
    때문이다.

미 2:1∼5

(2) 하나님께서 이스라엘과 유다를 심판하시는 이유는 백성들이 참
    선지자의 충고를 배척하고 거짓 선지자들을 추종했기 때문이다.

미 2:6∼11

3) 남은 자에 대한 회복 약속(미 2:12∼13)

야곱의 남은 자, 즉 이스라엘의 남은 자는 회복하신다고 약속하
셨다.

미 2:12~13

....

....

미가서에 나타난 '남은 자'에 대한 비유적 표현

보스라의 양 떼 같다	2:12b
초장의 양 떼 같다	2:12b
야훼께로부터 내리는 이슬 같다	5:7
풀 위에 내리는 단비 같다	5:7
수풀의 짐승들 중의 사자 같다	5:8
양 떼 중의 젊은 사자 같다	5:8

3) 유다 지도자들의 죄와 심판 (3:1~12)

대상	죄목		형벌
우두머리들과 통치자들 (1~4절)	백성을 압제하고 착취함		부르짖을지라도 응답하지 않음
거짓 선지자들 (5~8절)	탐심으로 인한 거짓 예언		환난과 고통 가운데 수치를 당함
예루살렘과 성전 (9~12절)	우두머리들	뇌물	예루살렘과 성전이 파괴됨 (갈아엎은 밭, 무더기, 수풀)
	제사장	삯꾼	
	선지자	탐욕	

2. 이스라엘의 회복(미 4~7장)

1) 메시아 왕국 예언(미 4:1~13)

(1) 종말에 도래할 메시아 왕국은 이스라엘뿐 아니라 많은 이방

나라가 참여하며, 전쟁이 없는 평화로운 나라가 될 것이다.

미 4:1~4

(2) 하나님께서는 각처에 포로로 흩어졌던 남은 자들을 시온으로 모아서 직접 통치하시고, 이스라엘이 이방 민족을 쳐서 이기게 하실 것이다.

미 4:6~7

미 4:13

2) 메시아의 탄생과 사역 예언(미 5:1~9)

(1) 미가는 머지않아 유다 백성이 바벨론을 통해 침략을 당하겠지만, 메시아의 탄생으로 소망이 있음을 예언한다.

미 5:1~2

....

....

(2) 이스라엘 백성은 메시아가 오셔서 구원해 주시기까지 고난을
겪을 것이지만, 메시아가 오시면 그의 통치권이 전 세계에
미칠 것이다.

미 5:3~4

....

....

(3) 메시아는 그의 택한 백성을 대적의 손에서 구원하실 것이다.

미 5:5~6

....

....

3) 메시아의 성결 사역 예언(미 5:10~15)

(1) 메시아를 통해 구원받은 백성이 하나님을 전적으로 의지하는
데 방해가 되는 말과 병거와 견고한 성을 제거하실 것이다.

미 5:10~11

....

....

(2) 구원받은 백성이 하나님을 전적으로 의지하는 데 방해가 되
   는 우상과 우상 숭배에 소용되는 모든 것을 제거하실 것이다.

미 5:12~15

....

....

4) 경고의 메시지(미 6:1~7:6)

(1) 하나님께서는 이스라엘을 애굽에서 인도해 내셨음을 밝히시
   며 그들의 죄악을 꾸짖으신다.

미 6:4~5

....

....

(2) 이에 이스라엘은 형식적인 번제를 드려 죄를 속하려고 한다.
   그러나 미가는 하나님이 원하시는 것은 형식적인 제사가 아
   니라 공의를 행하며, 인자를 사랑하고, 겸손히 하나님과 함께
   행하는 것이라고 말한다.

미 6:6~8

_____

_____

(3) 이스라엘은 불공정한 거래. 강포와 사기, 우상 숭배, 인간성
    파괴, 부정한 재판과 음모로 뒤범벅된 불신 사회로 변모되고
    말았으니 하나님의 심판은 필연적일 수밖에 없다.

① 불공정한 거래
미 6:10~11

_____

_____

② 강포와 사기
미 6:12

_____

_____

③ 우상 숭배
미 6:16

_____

_____

④ 인간성 파괴와 부정한 재판

미 7:2~3

_____

_____

5) 이스라엘의 회복(미 7:7~20)

미가는 자신의 기도 응답으로 하나님께서 이스라엘의 죄를 사하
시며, 야곱과 아브라함에게 언약하신 대로 구원을 베푸실 것을 예
언한다.

미 7:14~18

_____

_____

07

나훔

"볼지어다 아름다운 소식을 알리고

화평을 전하는 자의 발이 산 위에 있도다

유다야 네 절기를 지키고 네 서원을 갚을지어다

악인이 진멸되었으니 그가 다시는

네 가운데로 통행하지 아니하리로다 하시니라"

(나 1:15)

나훔서에 나타난 주요 지명들

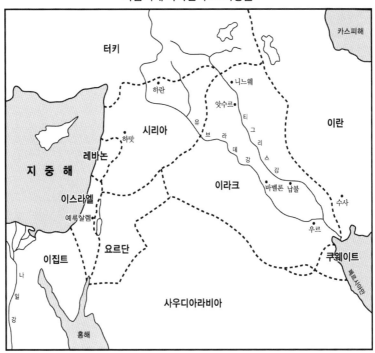

Ⅰ. 시대적 상황

1. 나훔은 남유다 말기의 선지자들인 스바냐, 하박국, 예레미야 등과 비슷한 시기에 사역했다. 이때는 국제적으로 애굽과 앗수르가 지배권을 행사하던 시기였으나, 앗수르가 급속하게 쇠퇴하고 바벨론이 부상하던 시기였다.

2. 당시 유다는 고대 근동의 역사를 이끌어 가던 앗수르의 지배

하에 있었기 때문에 앗수르에 조공을 바쳐야 했다. 나훔은 앗수르가 하나님 두려운 줄 모르고 자고할 때 하나님께서 공의로 심판하실 것을 선포하였다. 따라서 앗수르의 수도 니느웨가 멸망할 것이라는 나훔의 선포는 유다 백성에게 위로의 말씀이 되었다.

3. 니느웨는 100여 년 전에 요나가 멸망을 예언했을 때 회개했으나 다시 악을 행하여 하나님의 심판을 초래하게 되었다.

II. 중심 메시지

1. 하나님은 의로우신 분이다.

나 1:2~3

2. 앗수르의 멸망은 유다에게 구원의 소식이다.

나 1:15

III. 나훔의 메시지

나훔은 죄악이 관영한 니느웨에 대한 하나님의 심판을 선포함으로, 죄를 반드시 심판하시는 하나님의 공의와 온 세상에 대한 하나님의 절대 주권을 강조한다.

1. 니느웨를 향한 경고(나 1장)

1) 보복하시는 하나님(나 1:2~8)

(1) 앗수르의 수도 니느웨는 요나의 경고로 회개하여 하나님의 심판을 모면하였다. 그러나 100년이 지나면서 다시 교만해져 결국 멸망을 피할 수 없게 되었다.

니느웨 멸망에 대한 은유적 묘사

은유적 묘사	의미	성구
서라 서라 하나 돌아보는 자가 없게 된다	주민들이 적의 공격을 피해 도망함으로, 왕이 그들을 모아 성을 방어할 수 없게 된다는 것이다.	나 2:8
주민이 낙담하여 무릎이 서로 부딪히게 된다	적의 공격에 무릎이 떨릴 정도로 정신을 잃게 된다는 것이다.	나 2:10
모든 (주민의) 허리가 아프게 된다	적의 공격을 받아 멸망한 주민들이 큰 고통을 당하게 된다는 것이다.	나 2:10
모든 (주민의) 낯이 빛을 잃게 된다	주민들이 공포에 질려서 얼굴이 사색이 된다는 것이다.	나 2:10
파견자(사신)의 목소리가 다시는 들리지 않게 된다	앗수르 왕이 주변국을 침략할 때 먼저 사신을 파견하여 항복을 요구하는 일이 없게 된다는 것이다	나 2:13

(2) 니느웨가 심판을 받게 된 근거는 하나님의 속성에 의한 것이다. 하나님은 의로우시며, 노하기를 더디 하시지만 죄인을 멸하시고, 전지전능하시며, 선하신 분이다.

① 하나님은 의로우시며 죄인을 멸하신다.
나 1:2~3

_____

_____

② 하나님은 전지전능하시다.
나 1:4~6

_____

_____

③ 하나님은 선하시다.
나 1:7~8

_____

_____

2) 니느웨의 멸망과 유다의 구원(나 1:9~15)

(1) 앗수르는 하나님의 징계로 멸망하고, 유다는 앗수르의 압제에서 구원받게 될 것이라는 평화의 소식이 전해진다.

나 1:12~15

....

....

(2) 이 예언은 일차적으로는 B.C. 612년 니느웨가 바벨론 왕
    느부갓네살의 부친인 나보폴라살에 의해 멸망함으로 성취
    되었으며, 궁극적으로는 예수 그리스도가 세상에 오셔서
    사탄의 권세를 멸하시고 그의 백성을 구원하실 것을 선포
    한 것이다.

2. 심판받는 니느웨(나 2장)

1) 공격받는 니느웨(나 2:1~10)

(1) 니느웨가 멸망함으로 유다는 옛 영광을 회복하게 될 것이다.

나 2:2

....

....

(2) 견고한 니느웨 성은 수문이 열리고 강물에 잠길 것이며, 왕후
    는 수치를 당하고, 백성은 혼비백산할 것이며, 기물은 약탈당
    하므로 온 성이 슬픔에 잠길 것이다.

나 2:6~10

_____

_____

니느웨의 위치

2) 폐허가 될 니느웨(나 2:11~13)

앗수르는 하나님의 심판으로 철저하게 파괴되어 폐허가 될 것인데, 이는 예수 그리스도의 재림 때 행해질 심판과 구원을 예표한다.

나 2:13

_____

_____

3. 니느웨의 비참한 멸망(나 3장)

1) 니느웨의 죄악(나 3:1~11)

니느웨의 죄악은 크게 2가지로 나눌 수 있다. 첫째는 거짓과 탈취가 떠나지 않는 포악성이며, 둘째는 마술과 음행으로 대변되는 간교함이다.

나 3:1, 4

_____

_____

2) 니느웨 멸망의 필연성(나 3:12~19)

(1) 니느웨가 아무리 부유하고 강성하다 할지라도 그들의 죄악 때문에 노아몬처럼 멸망할 수밖에 없다.

나 3:8~11

_____

_____

(2) 나훔은 무화과와 메뚜기의 비유를 통해 니느웨가 어떤 노력을 한다 해도 하나님의 심판을 받아 멸망하게 될 것이라고 예언한다.

나 3:12~17

_____

_____

(3) 나훔은 니느웨 성읍이 하나님의 심판을 면치 못할 것을 예언하며 앗수르 왕을 질책한다.

나 3:18~19

_____

_____

니느웨의 멸망 이유

피의 성이기 때문이다.	나 3:1
거짓이 가득하고 포악이 가득했기 때문이다.	나 3:1
탈취가 떠나지 않았기 때문이다.	나 3:1
끊임없이 전쟁을 일으켰기 때문이다.	나 3:3
음행으로 여러 나라를 미혹했기 때문이다.	나 3:4
마술로 여러 족속을 미혹했기 때문이다.	나 3:4
항상 다른 사람들에게 행패를 부렸기 때문이다.	나 3:19

08
하박국

"비록 무화과나무가 무성하지 못하며

포도나무에 열매가 없으며 감람나무에 소출이 없으며

밭에 먹을 것이 없으며

우리에 양이 없으며 외양간에 소가 없을지라도

나는 야훼로 말미암아 즐거워하며

나의 구원의 하나님으로 말미암아 기뻐하리로다"

(합 3:17~18)

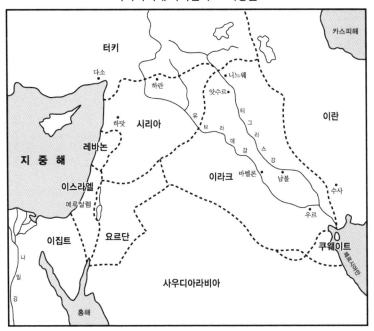

하박국서에 나타난 주요 지명들

I. 시대적 상황

1. 바벨론의 나보폴라살이 B.C. 612년 앗수르의 니느웨를 함락
   한 이후, 바벨론의 느부갓네살 왕은 갈그미스 전투에서 애굽
   을 무찌르고 고대 근동 세계를 제패했다.

2. 유다는 외적으로는 바벨론이 위협하고, 내적으로는 백성들이
   종교적, 도덕적으로 타락하여 악행을 일삼아 점점 쇠퇴해 가
   고 있었다.

3. 이러한 상황에서 활동한 하박국은 악인이 흥하고, 악한 세력
   인 바벨론이 세력을 확장하는데 왜 하나님께서 침묵하시는지
   물었다. 하나님께서 주신 답은 "의인은 그의 믿음으로 말미암
   아 살리라"(합 2:4)라는 것이었다. 즉, 의인은 자기 의가 아닌
   믿음으로 산다는 것이다. 이에 하박국은 하나님께 찬양과 감
   사를 드린다.

II. 중심 메시지

1. 의인은 믿음으로 말미암아 살아야 한다.

합 2:4

_____

_____

2. 구원의 하나님으로 인해 기뻐해야 한다.

합 3:18

_____

_____

III. 하박국의 메시지

하박국은 자신의 2가지 질문과 하나님의 답변을 통해 악을 심판하시는 하나님의 공의와 하나님을 의지하는 믿음을 소유한 자는 심판 가운데서도 구원을 받는다는 사실을 밝히고 있다.

1. 하박국의 질문(합 1장)

1) 하박국의 첫 번째 질문(합 1:1~4)

당시 유다는 외적으로 열강들의 패권 교체로 혼란했고, 내적으로는 백성의 신앙이 하향길로 치닫고 있었다. 이런 상황에서 하박국은 유다 백성의 불의를 용납하시는 듯한 하나님의 침묵에 대해 '공의로우신 하나님께서 어찌하여 유다의 죄를 징계하지 않으시는지' 질문했다.

합 1:2~4

_____

_____

2) 하나님의 답변(합 1:5~11)

(1) 하나님께서는 유다를 심판할 때가 되면 갈대아 사람을 심판의 도구로 사용하여 징계하실 것이라고 말씀하셨다.

합 1:6

....

....

(2) 이는 B.C. 586년 유다가 바벨론의 느부갓네살 왕에 의해 멸
    망하고 백성들이 포로로 잡혀감으로 예언이 성취되었다(왕하
    25:1~7). 하나님은 불의에 대해 침묵하신 것이 아니라 때를
    기다리신다.

3) 하박국의 두 번째 질문(합 1:12~17)

하박국은 '왜 하필이면 유다보다 더 패역하고 하나님을 모르는
이방 족속인 바벨론을 심판의 도구로 사용하여 하나님의 백성인 유
다를 심판하시는지' 질문했다.

합 1:12~13

....

....

2. 하나님의 응답(합 2장)

1) 하나님의 응답(합 2:1~4)

(1) 하나님께서는 범죄한 유다를 징계하시기 위해 잠시 갈대아
    사람을 사용하시지만, 하나님의 정한 때가 되면 갈대아 사람
    도 반드시 그들의 죄악대로 심판하실 것이라고 하셨다.

합 2:3

....

....

(2) 또한 악인은 교만하며 가증스러우나 세상이 불의할지라도
    "의인은 그의 믿음으로 말미암아 살리라"라고 선언하셨다.

합 2:4

....

....

2) 바벨론의 멸망 이유(합 2:5~20)

(1) 바벨론이 멸망할 수밖에 없는 이유는 5가지 죄 때문이다.

① 탐욕
합 2:5~8

....

....

② 부당한 이익을 취함
합 2:9~11

....

....

③ 피 흘림

합 2:12~13

_____

_____

④ 강포

합 2:17

_____

_____

⑤ 우상 숭배

합 2:18

_____

_____

(2) 이 예언은 바벨론이 B.C. 539년 메대와 바사 연합군에 의해
   멸망함으로 성취되었다.

3. 하박국의 찬양(합 3장)

1) 하박국의 기도(합 3:1~2)

하박국은 하나님께서 바벨론을 통해 유다를 심판하실 것을 두
려워하며 자신과 이스라엘 백성에게 긍휼을 베풀어 주시기를 간
구했다.

합 3:1~2

2) 심판주로 강림하실 하나님 찬양(합 3:1~15)

하박국은 세상을 심판하기 위해 강림하시는 하나님의 모습을 상 징적 언어를 사용하여 생생하게 묘사하는데, 실제로는 미래에 있을 사실을 마치 현재 일어나는 일처럼 묘사하고 있다.

합 3:3~15

3) 하박국의 찬양(합 3:16~19)

하박국은 유다의 범죄로 인해 임박한 하나님의 심판이 두려웠으 나, 환난이 지난 후에 얻게 될 구원으로 인하여 기뻐한다.

합 3:16~18

09

스바냐

"너의 하나님 야훼가 너의 가운데에 계시니

그는 구원을 베푸실 전능자이시라

그가 너로 말미암아 기쁨을 이기지 못하시며

너를 잠잠히 사랑하시며

너로 말미암아 즐거이 부르며

기뻐하시리라 하리라"

(습 3:17)

스바냐서에 나타난 주요 지명들

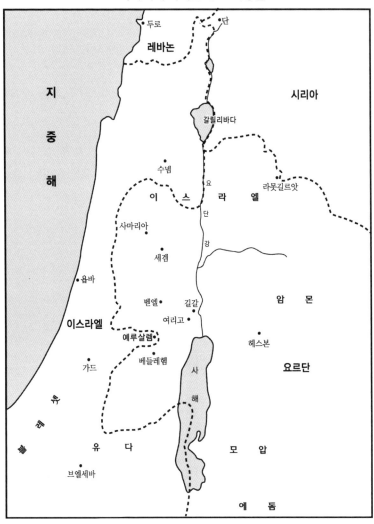

I. 시대적 상황

당시 유다는 요시야 왕의 조부인 므낫세 왕과 부친인 아몬 왕의 악정과 우상 숭배로 인해 죄악이 만연한 때였다. 부자들은 부를 축적하기 위해 가난한 자들을 압제하였으며(습 1:8~9), 선지자들과 제사장들은 거만하였고, 백성들은 하나님의 성소를 더럽혔다. 이때 요시야 왕이 종교 개혁을 단행하였는데, 죄에 대한 심판과 회개를 촉구한 스바냐의 예언은 요시야 왕의 개혁을 가속하는 계기가 되었다.

II. 중심 메시지

1. 하나님은 유다의 죄에 대하여 심판하시며, 하나님의 백성을 괴롭힌 이방에 대하여 심판하신다(습 1:2~3:8).

2. 심판 중에도 남은 자가 하나님을 섬기며, 그들을 통하여 하나님의 뜻이 실현된다(습 3:9~20). 스바냐는 심판과 함께 이루어질 구원의 이중성을 예언하였다.

III. 스바냐의 메시지

스바냐는 여러 가지 죄악과 우상 숭배를 일삼는 남유다 백성과 열방에 대한 심판을 선포하고 회개를 촉구하는 한편 하나님께로 돌이킨 남은 자(remnant)는 구원받는다는 메시지를 선포하고 있다.

1. 전 우주적인 심판(습 1:1~3)

스바냐는 세상 끝날에 있을 하나님의 전 우주적인 심판을 선포했다.

습 1:2~3

---

2. 유다에 대한 심판(습 1:4~18)

1) 하나님을 배반하고 우상을 숭배하는 유다 백성을 멸절하실 것이다.

습 1:4~6

---

2) 이방의 사악한 풍습을 좇는 유다의 왕과 지도자들, 그리고 부정부패를 일삼는 관리들을 심판하실 것이다.

습 1:8~9

....

....

3) 불의한 이득을 취하는 유다의 상인들과 야훼를 경외하지 않는
   모든 자들을 심판하실 것이다.

습 1:11~12

....

....

4) 유다에 대한 하나님의 심판은 임박했으며 철저하고도 분명하
   게 진행될 것이다.

습 1:14~18

....

....

3. 만민에 대한 회개 촉구(습 2:1~3)

스바냐는 야훼의 진노가 임하기 전에 회개하고, 의인들은 이 날
을 대비하여 진심으로 야훼를 찾으라고 말했다.

습 2:2~3

....

....

4. 열방에 대한 심판(습 2:4~15)

1) 스바냐는 유다 주변국과 예루살렘에 대한 전면적인 심판을 예
   언했는데, 이는 '심판의 보편성'을 보여 준다.

대상국		성경	심판 이유	심판 결과
동	**모압 암몬**	2:8~11	스스로 교만하여 하나님의 백성을 훼방하고 악담하며 침략함	땅의 황폐, B.C. 6세기 이후 멸망
서	**블레셋**	2:4~7	오랫동안 하나님의 백성을 괴롭힘	가사, 아스글론, 아스돗, 에그론, 가드 등 5대 도시가 앗수르와 애굽에 의해 멸망함
남	**구스**	2:12	하나님의 선택된 백성을 괴롭힘	심판을 면치 못함
북	**앗수르 니느웨**	2:13~15	교만, 침략, 공물 요구, 하나님의 백성에게 이방신을 강요함	B.C. 612년 메대와 바벨론 연합군에 의해 멸망

(1) 모압, 암몬

습 2:8~11

....

....

(2) 블레셋

습 2:4~5

---

(3) 구스

습 2:12

---

(4) 앗수르(니느웨)

습 2:13~15

---

2) 이 다섯 나라는 유다의 동서남북에 위치하여 전 세계 열방을 대표한다. 따라서 이 예언은 일차적으로는 유다 주변 국가에 대한 심판을 선포한 것이지만 궁극적으로는 하나님과 그의 백성을 대적한 악한 자들에 대한 최후 심판을 예언한 것이다.

5. 예루살렘에 대한 심판(습 3:1~8)

1) 예루살렘이 심판을 받을 수밖에 없는 이유는 그들이 하나님을 배반함으로 종교적, 도덕적으로 타락하여 서로 물고 찢고 죽이는, 패역하고 포악한 자들이 되었기 때문이다.

습 3:1~2

2) 특별히 백성의 지도자들인 방백들, 재판장들, 선지자들, 제사장들이 타락했기 때문에 예루살렘에 대한 하나님의 심판은 필연적인 결과였다.

습 3:3~4

6. 열방과 이스라엘의 구원(습 3:9~20)

스바냐는 심판을 선포한 후 하나님의 구원을 예언한다. 하나님은 이스라엘을 긍휼히 여기셔서 그들을 심판하신 후에도 남은 자들을 구원하신다. 또한 이들을 통해 자신의 뜻을 이루실 것을 약속하셨다.

1) 우상의 이름을 부르던 열방의 입술을 정결하게 하여 하나님을 섬기게 하신다.

습 3:9

2) 유다를 정화시켜 자신을 경배하게 하신다.

습 3:10~12

3) 심판 후 이스라엘의 남은 자는 겸손하고 의롭고 순전하기 때문에 구원하실 것이다.

습 3:13

4) 하나님은 남은 자를 보호하시고 기쁨으로 평강을 누리게 하시며 그들로 인해 기뻐하실 것이다.

습 3:17~18

....

....

5) 그러므로 '야훼의 날'은 세상 만민을 향한 심판과 구원의 날로
　서 하나님의 뜻이 성취되는 날이며, 하나님과 인간의 관계가
　완전히 회복되어 하나님의 나라가 완성되는 날이다.

10

학 개

"너희는 산에 올라가서

나무를 가져다가 성전을 건축하라

그리하면 내가 그것으로 말미암아 기뻐하고

또 영광을 얻으리라

야훼가 말하였느니라"

(학 1:8)

학개서에 나타난 주요 지명들

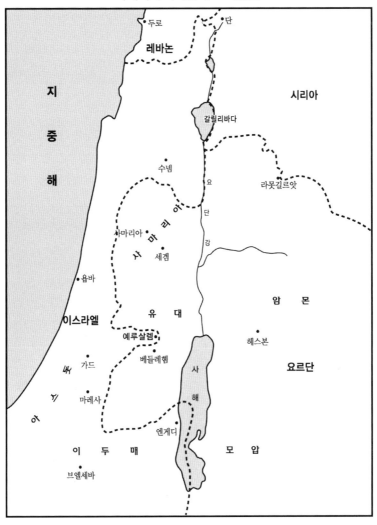

Ⅰ. 시대적 상황

1. 바사의 고레스 왕의 명령으로 예루살렘에 귀환한 유대인들은 성전을 재건하였다. 그러나 처음 열의와는 달리 사마리아인과 주변 사람들의 방해로 성전 건축을 중단하게 되었고, 영적 무기력에 빠지게 되었다. 뿐만 아니라 이스라엘 백성은 성전 재건보다 자신의 집을 짓는 데 열심을 내었다.

2. 이에 성전 건축이 중단된 지 약 15년이 되던 때(B.C. 520), 학개는 스가랴와 함께 총독 스룹바벨과 대제사장 여호수아, 그리고 백성을 향해 성전 재건을 촉구하였다.

학개의 메시지

	날짜(B.C.)	내용	성구
1차	520년 6월 1일	B.C. 536년 성전 재건 공사 중단 이후 공사를 재개하지 않은 것을 책망하고, 재개할 것을 권함	1장
2차	520년 7월 21일	성전 공사 재개 1개월 후(1:15) 두 번째 성전이 외형상으로는 초라하지만 본질상으로는 더 영광스럽다고 위로함	2:1~10
3~4차	520년 9월 24일	성전 재건에 따른 축복과 열방에 대한 심판을 예언함	2:10~23

Ⅱ. 중심 메시지

성전을 건축하여 하나님의 영광을 드러내야 한다.

학 1:8

III. 학개의 메시지

학개는 네 편의 설교를 통해 2가지 메시지를 선포하고 있다. 먼저 제1차 바벨론 포로 귀환(B.C. 537) 직후 시작된 예루살렘 성전 재건이 중단된 상태에서 영적 무관심과 나태함으로 성전 재건을 미루고 있는 이스라엘 백성의 영적 각성을 촉구하고 있다. 나아가 당시 여러 가지 이유로 신본주의적 신앙을 잃어버린 백성들에게 하나님의 일을 최우선시 해야 함을 강조하고 있다.

1. 성전 재건 촉구(학 1:1~15)

1) 하나님의 책망(학 1:1~11)

(1) 유다 백성은 제1차 포로 귀환(B.C. 537) 후 15년간 성전 재건을 중단한 채 자신들의 안일을 추구하며 영적인 나태에 빠져 있었다. 이에 하나님께서는 학개를 통해 백성들의 이기적이고 인본주의적인 자세를 책망하셨다.

학 1:2~6

_____

_____

(2) 하나님께서는 학개를 통해 유다 총독 스룹바벨과 대제사장
    여호수아에게 성전을 재건하라고 말씀하셨다.

학 1:1, 8

_____

_____

(3) 하나님께서는 유다 백성들이 현재 당하고 있는 각종 재해의
    원인이 성전 재건 중단에 있음을 지적하고 성전 재건을 촉구
    하셨다.

학 1:7~11

_____

_____

2) 백성의 반응(학 1:12~15)

백성은 학개의 말을 듣고 크게 감동되어 야훼를 경외하였으며 다
리오 왕 2년(B.C. 520) 6월 24일, 이때는 연중 마지막 추수기의 가
장 바쁜 시기임에도 불구하고 성전을 재건하기 시작했다.

학 1:12~15

2. 재건될 성전의 영광(학 2:1~23)

1) 새 성전에 임할 하나님의 영광(학 2:1~9)

(1) 성전 공사가 한 달 정도 지났을 때, 새 성전이 과거 솔로몬
성전에 비해 초라한 것을 보고 낙심하는 자들이 생겨났다.

학 2:2~3

(2) 하나님께서는 스룹바벨 성전이 솔로몬 성전에 비해 규모는
작지만 하나님께서 성령으로 함께하실 것이라고 격려하셨다.

학 2:4~5

(3) 학개는 새 성전의 영광이 솔로몬의 성전보다 크고 찬란할 것
이라고 예언했다.

학 2:7~9

....

....

3) 순종의 복(2:10~19)

학개는 이스라엘 백성이 형식적으로 예배하고 성전 재건을 등한
시했기 때문에 재앙이 끊이지 않았지만, 이제 하나님의 뜻에 순종
하여 성전을 재건한 백성들에게 복을 주실 것이라고 예언했다.

학 2:18~19

....

....

4) 스룹바벨에 대한 약속(학 2:20~23)

(1) 이스라엘 백성들을 지도하여 성전 재건 사역을 진행한 유다
    총독 스룹바벨을 구원하실 것에 대한 약속이다. 즉, 하나님께
    서는 유다 총독이었던 스룹바벨을 세워 열방을 심판하실 때,
    그를 구원하심은 물론 존귀하게 하실 것을 약속하셨다. 스룹
    바벨은 그리스도의 모형으로서 그를 통해 구속사의 새로운
    장이 열릴 것에 대한 예언이다.

학 2:21~23

....

....

(2) 예레미야는 스룹바벨의 할아버지인 '여호야긴 왕'(왕하 24:8~
   16; 대하 36:9~10)이 '하나님의 오른손의 인장 반지'였음에도
   불구하고 그것을 빼서 느부갓네살의 손에 줄 것이라고 예언했
   는데(렘 22:24~25), 이제 스룹바벨을 인장 반지로 삼으심으
   로 다윗 왕가의 정통성을 회복시켜 주신 것이다.

렘 22:24~25

....

....

11

스가랴

"시온의 딸아 크게 기뻐할지어다

예루살렘의 딸아 즐거이 부를지어다

보라 네 왕이 네게 임하시나니

그는 공의로우시며 구원을 베푸시며

겸손하여서 나귀를 타시나니

나귀의 작은 것 곧 나귀 새끼니라"

(슥 9:9)

스가랴서에 나타난 주요 지명들

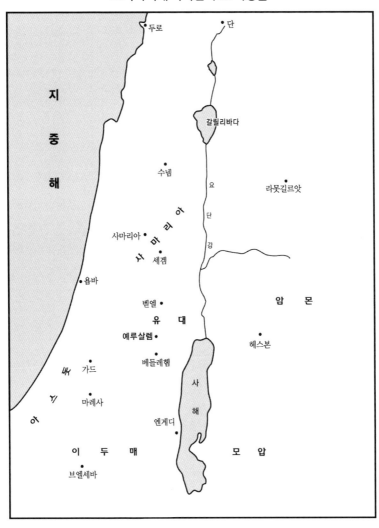

Ⅰ. 시대적 상황

1. 스가랴는 학개, 말라기와 동시대에 활동한 포로기(B.C. 586~ 537) 이후의 선지자로서, 학개가 하나님의 말씀을 전하기 시작한(B.C 520, 8월 29일; 학 1:1) 지 약 2개월 후에 스가랴에게도 하나님의 말씀이 임하였다(슥 1:1).

2. 바사 왕 고레스의 명령으로 예루살렘으로 귀환해 성전을 재건하던 이스라엘 백성은 이방인들의 방해로 성전 건축을 중단하게 되었고, 영적 무기력에 빠져 성전 재건에 대해 무관심하게 되었다. 이에 스가랴는 학개와 함께 백성들에게 성전 재건을 독려했다.

3. 학개가 성전 재건을 직접 촉구한 반면, 스가랴는 도덕적 개혁을 더 강조했다.

스가랴의 메시지

	날짜(B.C.)	내용	성구
1차	520년 8월 1일	포로에서 귀환한 자들이 영적 나태함에서 돌이킬 것을 촉구함	1:1~6
2차	520년 11월 24일	8개의 환상을 통한 성전과 예루살렘 성 재건 등의 이스라엘 회복 전반에 대한 예고	1:7~6:15
3차	518년 9월 4일	금식에 관한 교훈과 이스라엘의 회복과 함께 임할 축복 약속	7~8장
4차	480~470년경	열방에 대한 심판, 이스라엘 회복, 메시아 왕국의 도래에 대한 예언	9~14장

II. 중심 메시지

1. 야훼는 그의 백성을 사랑하시므로 질투하신다.

슥 1:14

2. 하나님의 전을 건축하라.

슥 4:8~10

3. 메시아가 세상을 다스리실 왕으로 다시 오실 것이다.

슥 14:7~9

III. 스가랴의 메시지

스가랴는 바벨론에서 귀환한 백성들에게 성전 재건을 촉구하고,

메시아의 초림과 재림에 대한 예언을 통해 메시아의 도래에 대한 소망을 심어주고 있다.

1. 스가랴가 본 환상과 여호수아의 대관식(슥 1:7~6:15)

1) 회개 촉구(슥 1:1~6)

(1) 머리말(슥 1:1)

스가랴는 제사장 가문 출신의 선지자로서 제1차 포로 귀환 때 유다로 돌아와 귀환한 지 18년 후인 다리오 왕 2년(B.C. 520) 8월부터 활동하기 시작했다.

슥 1:1

(2) 회개의 권고(슥 1:2~6)

스가랴는 회개하지 않은 죄악의 결과가 어떠했는가를 역사적으로 증거하면서 이스라엘 백성들에게 회개를 촉구했다.

슥 1:4

2) 스가랴가 본 환상(슥 1:7~6:15)

다리오 왕 2년 11월, 스가랴가 밤에 본 환상들은 모두 8가지이다. 이 환상의 공통점은 메시아 왕국에 대한 예언으로, 메시아 왕국의 도래에 대한 순차적인 예시를 보여 준다.

환상	제목	성경	의미
1	붉은 말을 탄 사람	1:7~17	주님께서 하나님의 백성을 괴롭히는 원수들을 심판하고, 자기 백성을 구원하실 것을 의미한다.
2	네 뿔과 네 대장장이	1:18~21	'네 뿔'은 사탄의 세력을 상징하고, '네 명의 대장장이'는 하나님의 심판의 도구를 가리키는데, 이는 성도가 하나님의 도우심으로 영적 싸움에서 승리할 것을 의미한다.
3	척량줄 잡은 사람	2:1~13	성육신 이전의 예수 그리스도를 가리킨다.
4	대제사장 여호수아	3:1~10	여호수아가 수행한 대제사장 사역의 완성으로서의 예수 그리스도의 사역에 대한 예언이다.
5	순금 등잔대와 두 감람나무	4:1~14	'순금 등잔대'는 신약의 교회와 하나님의 나라를 예표하고, '두 감람나무'는 대제사장과 왕의 직분을 가지고 오실 예수 그리스도를 예표한다.
6	날아가는 두루마리	5:1~4	이스라엘이 택한 백성일지라도 범죄한 자는 두루마리(율법)에 기록된 대로 저주를 받는다는 것을 의미한다.
7	에바와 여인	5:5~11	말씀을 저버린 자에 대한 심판을 의미하는데, 이스라엘 백성이 이방 땅으로 쫓겨갈 것에 대한 예언이다.
8	네 병거	6:1~8	하나님의 백성은 최후 승리하고, 원수들은 최후 심판 받을 것을 의미한다.

(1) 붉은 말을 탄 사람

슥 1:8~11

① 붉은 색 말은 진노와 피 흘림을 상징한다. 따라서 주님께서
붉은 말을 타고 나타나신 것은(슥 1:8), 하나님의 백성을 괴롭
히는 원수들에 대해 진노하시고 심판하심으로 자기 백성을
구원할 자이심을 상징한다.

② "온 땅이 평안하고 조용하더이다"(슥 1:11)라는 말은 당시 유
다를 지배하고 있던 바사 제국의 평안과 번영을 의미하는데,
이는 바벨론 포로에서 귀환하기는 했어도 완전히 회복하지
못한 이스라엘의 처지와는 대조적인 상황이었기 때문에 유다
백성은 절망할 수밖에 없었을 것이다. 이러한 때에 자기 백성
을 위로하시는 하나님의 계시가 주어진 것이다.

(2) 네 개의 뿔과 대장장이 네 명
① 네 뿔은 유다와 이스라엘을 흩어버린 열국의 뿔로 사탄의 세
력을 말하고, 네 명의 대장장이는 네 뿔을 꺾어 버리기 위해
온 하나님의 도구를 말한다.

슥 1:18~21

_____

_____

② 이 환상은 첫 번째 환상을 보다 구체적으로 보여 주는 것으로
   서, 회복될 이스라엘을 대적하는 권세가 크지만 결국 하나님
   에 의해 멸망할 것을 의미한다.

③ 네 뿔은 사방의 권세자들을 상징하고, 네 명의 대장장이는
   하나님의 심판의 도구들을 가리키는 것으로서, 이는 결국
   성도는 하나님의 도우심으로 영적 싸움에서 승리할 것을
   말한다.

(3) 척량줄을 잡은 사람
  척량줄을 잡은 사람은 화석류 나무 사이에 선 야훼의 사자, 즉
성육신 이전의 그리스도를 가리킨다.

슥 2:1~13

_____

_____

(4) 대제사장 여호수아
① 앞의 3가지 환상이 고난받는 이스라엘 민족과 예루살렘의 회
   복의 내용을 담은 위로와 소망의 메시지라면, 네 번째 환상은

이스라엘의 종교적 대표자인 대제사장 여호수아의 정결과 여호수아가 수행한 대제사장 사역의 완성으로서의 예수 그리스도의 사역에 대한 예언이다.

② 여호수아는 죄를 상징하는 더러운 옷을 입고 있었으나 하나님의 명령으로 아름다운 옷과 정결한 관을 머리에 씀으로 예전의 영광을 회복했는데, 이는 메시아 왕국에서 영적 제사장들인 성도들이 누리게 될 영광과 축복을 예표한다.

슥 3:1~5

(5) 순금 등잔대와 두 감람나무
① '순금 등잔대'는 당시 재건 중에 있던 성전을 가리키지만, 궁극적으로는 신약의 교회와 하나님의 나라를 예표한다.

② '두 감람나무'는 정치적 지도자인 스룹바벨과 대제사장인 여호수아를 가리키지만, 궁극적으로는 장차 대제사장과 왕의 직분을 가지고 오실 예수 그리스도를 예표한다.

슥 4:1~3

순금 등잔대와 두 감람나무 환상의 의미

내용	의미	성구
순금	교회의 순수성과 불변성	슥 4:2
등잔대	그리스도를 통해 세워질 신약 교회	슥 4:2
일곱 등잔과 일곱 관	신약 교회가 성도들로 충만하게 됨	슥 4:2
등잔대에 기름을 공급하는 두 감람나무	신약 교회 안에 충만하게 임재할 성령	슥 4:3
두 금관과 감람나무 두 가지	대제사장과 왕의 직분을 가지신 예수 그리스도	슥 4:12

(6) 날아가는 두루마리

① 이스라엘이 택한 백성일지라도 범죄한 자는 두루마리에 기록 된 대로 저주를 받는다는 것을 의미한다.

② 앞의 5가지 환상은 성전 재건과 관련된 축복과 격려의 말씀 이었다면, 6~7번째 환상은 하나님의 말씀을 저버린 자에 대 한 하나님의 공의와 심판을 다루고 있다.

슥 5:1~3

두루마리 환상의 의미

내용	의미	성구
두루마리	하나님의 심판의 말씀	슥 5:1
날아가는 두루마리	하나님의 심판이 죄인들에게 신속하게 임함	슥 5:1
길이가 이십 규빗 너비가 십 규빗	하나님의 집에서부터 심판이 시작됨	슥 5:2
온 땅 위에 내리는 저주	하나님의 심판이 전 세계에 미침	슥 5:3
도둑의 집에도 들어가며 맹세하는 자의 집에도 들어감	하나님의 심판이 율법에 따라 철저하게 행하여 짐	슥 5:4

(7) 에바와 여인

이 환상은 여섯 번째 날아가는 두루마리 환상과 같이 하나님의
말씀을 저버린 자에 대한 심판을 의미하는데, 이스라엘 백성이 이
방 땅으로 쫓겨갈 것에 대한 예언이다.

① 악의 상징인 여인이 에바 속에 갇혀 추방된다.
② 회개하지 않는 자에게 심판이 임한다.

슥 5:5~11

내용	의미	성구
에바	이스라엘 죄의 양을 재는 하나님의 기준	슥 5:6
에바 가운데 앉은 여인	죄 가운데 있는 이스라엘	슥 5:7
납 조각	죗값에 해당하는 하나님의 징계	슥 5:7
납 조각을 에바 아귀 위에 던져 덮음	돌이킬 수 없게 된 하나님의 징계	슥 5:8
두 여인이 에바를 천지 사이에 듦	심판의 주체가 하나님이심	슥 5:9
에바를 시날 땅으로 옮김	이스라엘이 온 세계에 흩어짐	슥 5:11

(8) 네 병거

이 환상은 첫 번째 환상(슥 1:7~17)처럼 병거와 말이 등장한다. 그러나 첫 번째 환상과 마지막 환상(슥 6:1~8)은 다음과 같은 차이점이 있다.

① 첫 번째 환상이 하나님의 백성의 곤고한 상황을 보여 준다면, 이 환상은 하나님 백성의 최후의 승리를 보여 준다.

② 첫 번째 환상이 원수들의 평온한 상태를 보여 준다면, 이 환상은 원수들의 최후의 심판을 보여 준다.

③ 첫 번째 환상이 하나님 나라의 출발점을 제시한 반면, 이 환상은 하나님 나라의 완전한 성취를 상징한다.

④ 따라서 이 두 환상을 통해 역사의 주관자이신 하나님은 지상의 모든 일을 아실 뿐 아니라 직접 개입하셔서 완성하시는 분

임을 알 수 있다.

슥 6:1~6

----

3) 여호수아의 대관식(슥 6:9~15)

(1) 스가랴가 본 8가지 환상에 대한 결론적 내용이다. 하나님께
서 대제사장 여호수아의 대관식을 거행하라고 명령하셨는데,
이는 예수 그리스도의 대제사장직과 왕으로서의 사역을 예표
한다.

슥 6:9~11

----

(2) '면류관'은 이중 구조로 되어 있는데, 이는 왕의 직분과 대제
사장의 직분을 나타낸다. 한편 여호수아에게 면류관을 씌운
이유는 성전 재건의 주역인 여호수아가 장차 성육신하실 그
리스도의 모형이기 때문이다.

(3) 지금까지 스가랴가 본 환상은 스룹바벨의 성전 재건을 격려
하며 하나님 나라의 완성을 보여 준 것이고, 모든 원수들에
대한 심판을 선포한 것이다. 그런데 그 심판을 시행할 자는

'싹'이라 이름하는 그리스도라는 것이 스가랴가 본 8가지 환상에 대한 결론적 요지이다.

슥 6:12~15

_____

_____

2. 금식에 관한 질문과 답변(슥 7:1~8:23)

이스라엘 백성이 바벨론에서 포로 생활을 할 때 종교적인 관습으로 지켜오던 금식 제도를 귀환한 후에도 계속 지켜야 하는지 묻는 벧엘 사람들의 질문에 대해 하나님께서 스가랴 선지자를 통해 네 번에 걸쳐 주신 답변이다.

1) 벧엘 사람들의 질문 (슥 7:1~3)

성전 재건 공사가 한창일 때 제사장과 선지자들을 통해 하나님 말씀을 듣기 위해 온 벧엘 사람들이 스가랴에게 금식에 대해 질문했다.

슥 7:1~3

_____

_____

2) 하나님의 첫 번째 답변(슥 7:4~7)

(1) 당시 이스라엘 백성은 금식을 하면 하나님께서 으레 복을 주신다는 생각으로 금식했기 때문에 금식 자체가 목적이 되었다. 따라서 하나님께서는 '금식'에 대한 백성과 제사장들의 태도를 크게 책망하셨다.

슥 7:5~6

(2) 하나님이 기뻐하시는 금식은 이웃에게 공의와 인애를 베푸는 것이다.

슥 7:9~10

3) 하나님의 두 번째 답변(슥 7:8~14)

(1) 하나님께서는 금식에 대한 벧엘 사람들이 질문의 두 번째 답변으로 과거 이스라엘 백성의 불순종을 질책하며 회개하고 돌이킬 것을 촉구하셨다.

(2) 이스라엘 백성이 바벨론 포로로 끌려가기 전, 하나님께서는

이스라엘 백성에게 많은 선지자들을 보내 하나님의 말씀에 순종할 것을 권고하셨다.

슥 7:9~10

_____

_____

(3) 하나님께서는 이스라엘 백성이 말씀에 불순종할 때 그들의 부르짖음에 응답하지 않으며, 이방 나라를 통해 멸망시키고 가나안 땅을 황폐하게 할 것이라고 경고하셨다.

슥 7:11~14

_____

_____

(4) 이러한 하나님의 경고를 무시한 이스라엘 백성은 결국 나라가 망하고 앗수르와 바벨론 포로로 끌려갔다. 따라서 하나님께서는 과거 이스라엘 백성의 불순종을 질책하며 회개하고 돌이킬 것을 촉구하신 것이다.

4) 하나님의 세 번째 답변(슥 8:1~17)

(1) 이스라엘의 회복에 대한 약속(슥 8:1~13)

스가랴는 하나님께서 장차 유다 백성에게 구원과 은혜를 베푸실 것을 예언했다. 즉, 하나님께서 예루살렘 성읍을 회복시켜 주시고,

장수의 복을 주시며, 흩어진 이스라엘 백성을 불러서 구원하시고,
성전과 땅을 회복시켜 주실 것이라고 예언했다.

숙 8:13~15

---

(2) 이스라엘이 실천할 일(숙 8:16~17)

하나님의 구원과 은혜를 받은 이스라엘 백성은 이웃과의 관계에
서 공의롭게 행하여야 한다.

숙 8:16~17

---

5) 하나님의 네 번째 답변(숙 8:18~23)

(1) 영광을 회복한 예루살렘의 절기는 금식이 변하여 기쁨과 즐
거움의 절기가 될 것이다.

숙 8:19

금식 절기와 금식의 이유 (슥 8:19)

내용	의미	성구
넷째 달의 금식	남유다 시드기야 왕 11년(B.C. 586) 4월 9일 예루살렘이 바벨론의 느부갓네살의 군대에 마지막 함락된 것을 기념하는 금식	렘 39:2~3; 52:4
다섯째 달의 금식	바벨론 느부갓네살 19년(B.C. 586) 5월 7일 예루살렘의 성전과 성읍이 불탄 것을 기념하는 금식	왕하 25:8~9; 렘 52:12
일곱째 달의 금식	남유다 시드기야 왕 11년(B.C. 586) 7월 예루살렘 멸망 후 이스마엘이 그달리야를 죽인 그 달을 기념하는 금식	왕하 25:25; 렘 41:12
열째 달의 금식	남유다 시드기야 왕 11년(B.C. 586) 10월 11일 바벨론의 느부갓네살의 군대가 예루살렘을 포위하고 공격하기 시작한 것을 기념하는 금식	왕하 25:1; 렘 39:1

(2) 유대인들이 예루살렘에 금식하러 모이는 것이 아니라 축복을 받고자 모일 것이며 이방인들도 찾아올 것이다.

슥 8:20~23

3. 스가랴의 메시아 예언(슥 9:1~14:21)

1) 메시아의 오심과 백성의 거절(슥 9:1~11:17)

(1) 이스라엘의 대적자들 심판과 남은 자 구원(슥 9:1~8)

하나님께서 이스라엘을 대적한 이방 나라들을 심판하시고, 블레셋의 남은 자들을 구원하시며, 하나님의 백성은 안전하게 지켜주실 것이다.

슥 9:1~8

_____

_____

(2) 메시아의 겸손과 구원 사역(슥 9:9~17)

① 초림하실 메시아는 겸손하시며 그가 통치하실 왕국은 땅끝까지 이를 것이다.

슥 9:9~10

_____

_____

② 초림하신 메시아의 구속 사역으로 인해 갇힌 자들이 해방되며, 하나님의 백성들이 승리와 축복을 누리게 될 것이다.

슥 9:11~17

---

(3) 메시아 왕국의 축복(슥 10:1~12)

① 하나님 나라 확장에 방해가 되는 우상들과 거짓 목자들을 심
   판하실 것이다.

슥 10:2~3

---

② 남유다를 구원하실 때 북이스라엘도 그 구원에 참여하는 축복
   을 얻게 될 것이다.

슥 10:6

---

③ 열방 가운데 흩어졌던 하나님의 백성들을 길르앗과 레바논으
   로 이끌어 다시 견고하게 하실 것이다.

슥 10:8~12

....
....

(4) 메시아의 수난과 심판(슥 11:1~14)

① 스가랴는 성전 재건 후 하나님의 은혜를 체험하고도 다시
범죄하여 고난 가운데 처하게 된 이스라엘 백성을 보고 탄
식한다.

슥 11:1~2

....
....

② 스가랴는 메시아의 사역과 이스라엘 백성이 메시아를 배척할
것을 예언한다.

슥 11:4~13

....
....

메시아의 공생애와 관련된 스가랴의 예언

하나님의 종으로 세상에 오심	슥 3:8
나귀 새끼를 타고 예루살렘에 입성하심	슥 9:9
이방 사람에게 화평을 전하심	슥 9:10
하나님의 양 떼를 먹이러 오심	슥 11:7
이스라엘 백성에게 배척을 받으심	슥 11:8
은 삼십 개 값으로 팔리심	슥 11:12
십자가에서 창에 찔리심	슥 12:10
그리스도께서 잡히실 때 제자들이 흩어짐	슥 13:7

(5) 거짓 목자가 받을 심판(슥 11:15~17)

메시아를 배척한 이스라엘이 거짓 목자에게 고난을 겪게 되고, 그 거짓 목자는 심판을 받게 될 것이다.

슥 11:15~17

----

5. 메시아의 두 번째 오심과 통치(슥 12:1~14:21)

(1) 하나님 백성의 구원(슥 12:1~14)

① 하나님 백성의 승리(슥 12:1~9)

하나님께서 이스라엘 백성을 돌보시고 지키실 것이며 원수가 공격하여도 결국 승리를 얻게 하실 것이다.

슥 12:4

```
....................................................................................

....................................................................................
```

② 하나님 백성의 회개(슥 12:10~14)
슥 12:10

```
....................................................................................

....................................................................................
```

(2) 하나님 백성의 정결과 연단(슥 13:1~9)

① 하나님 백성의 정결(슥 13:1~6)
하나님께서 회개한 영적 이스라엘 백성을 구원하실 때 거짓 선지
자와 더러운 귀신을 떠나게 하여 정결하게 하실 것이다.

슥 13:1~2

```
....................................................................................

....................................................................................
```

② 하나님 백성의 연단(슥 13:7~9)
연단을 통해 영적으로 깨끗하게 된 이스라엘 백성이 성숙한 신앙
을 소유하게 될 것이다.

슥 13:9

....

....

(3) 메시아 왕국의 영광(슥 14:1~15)

스가랴 14장은 스가랴서 전체의 '클라이맥스'라고 할 수 있다. 그 내용은 그리스도의 재림을 통해 완성될 '야훼의 날'에 있을 이스라엘의 회복, 열방에 대한 심판, 하나님을 대적하는 자들의 멸망, 이방의 남은 자들이 돌아옴, 하나님 나라의 영광 등에 대해 말하고 있다.

① 이스라엘의 심판과 회복(슥 14:1~5)

종말에 하나님께서 이스라엘 백성의 잘못을 심판하고 연단하시기 위해 이방 나라들을 사용하시겠지만, 이스라엘은 결국 하나님의 도우심으로 승리하게 될 것이다.

슥 14:1~3

....

....

② 그리스도의 재림으로 완성될 하나님 나라(슥 14:6~11)

재림하신 그리스도는 세상을 심판하고 천하의 왕이 되셔서 영광스러운 하나님 나라를 완성하실 것이다.

슥 14:6~9

....

....

③ 원수들의 멸망(슥 14:12~15)
그리스도가 재림하시면 사탄의 하수인들은 형벌을 받게 될 것이다.

슥 14:12

....

....

(4) 메시아 왕국의 성취(슥 14:16~21)

① 그리스도의 재림으로 하나님의 구속사가 완성될 그날에는 이
   방 나라들 중에 남은 자들이 감사와 찬양과 기쁨의 절기인 초
   막절을 지키며 하나님을 찬양하기 위해 예루살렘으로 모일
   것이다.

슥 14:16

....

....

② 온 우주를 회복하시는 하나님께 감사하지 않는 자들에게는 재
   앙을 내리실 것이다.

슥 14:17~18

12

말라기

"내 이름을 멸시하는 제사장들아

나 만군의 야훼가 너희에게 이르기를

아들은 그 아버지를, 종은 그 주인을 공경하나니

내가 아버지일진대 나를 공경함이 어디 있느냐

내가 주인일진대 나를 두려워함이 어디 있느냐 하나

너희는 이르기를

우리가 어떻게 주의 이름을 멸시하였나이까 하는도다"

(말 1:6)

말라기서에 나타난 주요 지명들

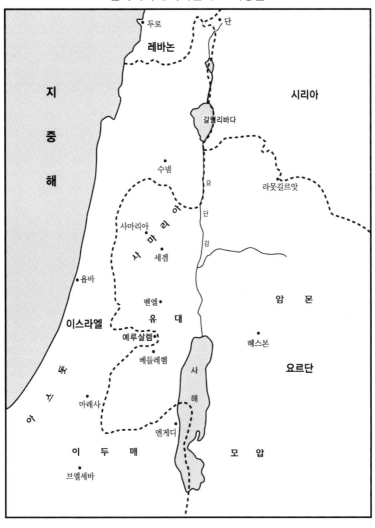

I. 시대적 상황

말라기는, 이스라엘 백성이 바벨론 포로에서 1차 귀환(B.C. 537)한 후 성전을 재건하고 약 100년이 지났지만 이사야, 학개, 스가랴가 예언한 영광스러운 메시아 왕국(사 49:8~26; 학 2:9; 슥 9:9~14:11)이 이루어지지 않아 백성의 불신앙이 팽배한 때에 예언했다. 즉, 말라기가 사역한 때는 제사장들이 타락하고, 십일조와 헌물을 소홀히 하며, 백성은 이방 여인과 결혼함으로 하나님과의 언약을 어긴 상황이었다.

II. 중심 메시지

1. 만군의 야훼를 경외하라.

말 2:5

2. 이혼과 잡혼은 하나님의 율법에 대항하는 행위다.

말 2:11-16

3. 정직한 십일조와 헌물을 드려라.

말 3:8-10

III. 말라기의 메시지

말라기는 여섯 편의 설교를 통해 바벨론에서 귀환한 지 약 1세기가 지날 즈음 불신앙적인 태도로 사는 이스라엘 백성에게 영적 각성을 촉구하였다.

1. 하나님의 사랑에 대한 질문과 답변(말 1:1~5)

말라기는 하나님 사랑에 대한 증거를 묻는 백성들에게 에돔의 멸망을 들어 하나님의 사랑을 확증했다.

1) 하나님의 사랑(말 1:1~2)

말라기는 하나님께서 자기 백성을 얼마나 사랑하셨는지를 강조했다. 그러나 절망적인 상황이 계속되자 백성들은 하나님의 사랑에 대해 의심과 회의를 품고 반문했다.

말 1:1～2

....

....

2) 하나님의 사랑에 대한 확증(말 1:3～5)

하나님은 자신의 사랑을 확증하시기 위해 야곱과 에서를 증거로
내세우셨다.

말 1:2～3

....

....

2. 이스라엘의 죄에 대한 하나님의 진노(말 1:6～3:12)

1) 제사장들의 죄(말 1:6～2:9)

(1) 제사장들은 하나님을 공경하지 않고 위선과 형식이 가득 찬
    제사를 드림으로 하나님의 이름을 더럽혔다.

말 1:6～8

....

....

(2) 그러므로 말라기는 하나님께서 이방 민족이 그들을 대신하여 깨끗
한 제물을 드려 하나님의 이름을 영광스럽게 하겠다고 예언했다.

말 1:11

_____

_____

(3) 또한 말라기는 제사장들의 죄에 대한 하나님의 심판을 예언
했다.

말 2:1~2

_____

_____

2) 백성의 죄(2:10~16)

백성들은 이방인과의 혼인이 율법에 금지되었음에도(출 34:12~
16) 불구하고 이방인과 결혼하여 하나님의 거룩성을 더럽혔다.

말 2:11

_____

_____

3) 주의 임재와 심판 예언(말 2:17~3:6)

말라기는 하나님의 공의를 의심하고 무시한 잘못을 깨닫지 못하는(말 2:17) 이스라엘 백성에게 하나님이 언약의 사자를 보내어 악을 심판하실 것을 예언했다.

말 3:1

....

....

말라기서에 나오는 주의 사자

칭호	의미	성구
만군의 야훼의 사자	제사장	2:7
내 사자	침례 요한	3:1a
언약의 사자	메시아	3:1b

4) 십일조와 헌물을 소홀히 함(말 3:7~12)

(1) 이스라엘 백성은 '하나님의 것'(말 3:8)을 도둑질했는데, 이는 바로 십일조와 헌물(레 27:30; 겔 44:30)이다.

(2) 하나님께서는 십일조를 가지고 하나님을 시험하여 보라고 말씀하시면서, 하나님의 말씀을 믿고 행하는 자에게는 모든 만민이 부러워하는 복을 주겠다고 약속하셨다.

말 3:10

....

....

3. 이스라엘의 교만(말 3:13~15)

당시 이스라엘 백성은 하나님을 섬기면 복을 받는다고 생각했지만, 현실은 오히려 악한 자들이 형통하였다. 따라서 하나님은 공의롭지 않으며 악한 자가 복을 받는다고 말했다(3:15). 그러나 이러한 말은 하나님 앞에 가증하고 교만한 말이다.

말 3:13~15

....

....

4. 의인과 악인의 분별(말 3:16~4:3)

1) 하나님께서는 '야훼의 날'에 의인과 악인을 영원히 구별하여 하나님의 기념 책에 기록된 의인들에게 큰 은혜를 베푸실 것이다.

말 3:16~18

....

....

2) 악인은 지푸라기같이 타서 그 뿌리와 가지를 남기지 않을 것이며, 의인의 발바닥 밑에 재와 같을 것이다.

말 4:1~3

-----

5. 엘리야 파송 예언(말 4:4~6)

말라기는 하나님의 심판의 날이 임하기 전에 하나님께서 엘리야를 보내실 것을 예언했다.

말 4:5~6

소선지서를 기록한 선지자들과 주요 메시지

번호	선지자	사역 시기	주요 메시지	나라
1	호세아	포로기 이전	하나님의 사랑	북
2	요엘	포로기 이전	메뚜기 재앙, 성령강림	남
3	아모스	포로기 이전	하나님의 공의	북
4	오바댜	포로기	에돔(에서의 후손)의 심판	남
5	요나	포로기 이전	니느웨 성 멸망(회개 촉구), 이방 선교	북
6	미가	포로기 이전	메시아 탄생	남
7	나훔	포로기 이전	니느웨의 멸망	남
8	하박국	포로기 이전	이신득의	남
9	스바냐	포로기 이전	유다와 열방 심판, 이스라엘 회복	남
10	학개	포로기 이후	성전 재건	남
11	스가랴	포로기 이후	성전 재건, 8가지 환상, 메시아 왕국	남
12	말라기	포로기 이후	제사장과 백성의 죄	남

북이스라엘 왕 연대표

1) 솔로몬 왕은 이스라엘 역사상 최대의 강대국을 만들며 이스라 엘 역사상 유례없는 국가적 번영을 누렸다. 그러나 솔로몬은 통치 말년에 육신의 정욕에 빠져 하나님의 경고의 말씀을 경 홀히 여겨 잊어버렸다. 이에 하나님께서는 나라를 빼앗아 신 복에게 주겠다고 말씀하셨다.

왕상 11:11~13

2) 솔로몬의 타락 이후 하나님께서 심판을 선포하시고 그것을 바 로 시행하셨다. 먼저 에돔 사람 하닷을 일으켜 솔로몬의 원수 가 되게 하셨다.

왕상 11:14~22

3) 또 다메섹(수리아)의 르손을 일으켜 솔로몬의 대적자가 되게 하셨다.

왕상 11:23~25

4) 하나님께서는 선지자 아히야를 통해서 여로보암에게 10지파
를 주겠다고 선언하셨다. 이 말씀대로 솔로몬이 죽자 여로보
암 1세는 10지파를 중심으로 북이스라엘을 다스리고 솔로몬
의 아들 르호보암은 2지파(유다, 베냐민)를 중심으로 남유다
를 다스리게 되었다. 이처럼 이스라엘 나라가 남북으로 나뉘
게 된 원인은 솔로몬의 범죄에 기인한 것이다.

5) 북이스라엘은 '아홉 왕조'로 총 19명의 왕들이 통치하였으며,
왕들의 연대가 겹치는 부분은 섭정이나 공동으로 통치하였기
때문이다.

북이스라엘 왕조

왕조	이름	연대(B.C.)	비고
제1왕조	여로보암 1세	930~909	
	나답	909~908	
제2왕조	바아사	908~885	
	엘라	885~884	
제3왕조	시므리	884~884	7일간 통치
제4왕조	오므리	884~873	디브니와 5년 전쟁
	아합	873~852	
	아하시야	852~851	
	요람	851~840	

왕조	이름	연대(B.C.)	비고
제5왕조	예후	840~813	
	여호아하스	813~797	
	요아스	797~781	
	여로보암 2세	793~753	
	스가랴	753~752	
제6왕조	살룸	752~752	
제7왕조	므나헴	752~741	
	브가히야	741~739	
제8왕조	베가	752~732 / 731	
제9왕조	호세아	731~722	

남유다 왕 연대표

남유다는 '단일 왕조'로 총 20명의 왕들이 통치하였으며, 왕들의 연대가 겹치는 부분은 섭정이나 공동으로 통치하였기 때문이다.

번호	이름	연대(B.C.)
1	르호보암	930~913
2	아비암(아비야)	913~910
3	아사	910~869
4	여호사밧	871~847
5	여호람(요람)	847~840
6	아하시야	840~840
7	아달랴	840~835
8	요아스	835~796
9	아마샤	796~767
10	웃시야(아사랴)	791~739
11	요담	750~735
12	아하스	731~715
13	히스기야	715~686
14	므낫세	696~642
15	아몬	642~640
16	요시야	640~609
17	여호아하스(살룸)	609~609
18	여호야김	609~598
19	여호야긴	598~597
20	시드기야	597~586

참고
문헌

1. 국문 서적

강병도. 「호크마 종합주석」 vol. 20. 서울: 기독지혜사, 1999.

문희석. 「오늘의 예언서 연구」 서울: 대한기독교서회, 1992.

_____. 「최근의 예언서 연구」 서울: 대한기독교출판사, 1992.

박준서. 「이스라엘아! 야훼의 날을 준비하라」 서울: 대한기독교서회, 2001.

순복음교육연구소 편. 「예언서」 서울: 서울서적, 1990.

원용국. 「구약 예언서」 서울: 생명의말씀사, 2000.

이병렬. 「이스라엘의 예언자들: 히브리민족·야하웨 종교의 대변자」
　　　　서울: 페트라 성경연구원, 1990.

장일선. 「히브리 예언서 연구」 서울: 대한기독교서회, 1992.

정종호. 「예언서 배경 연구」 서울: 도서출판 한글, 1998.

_____. 「그랜드 종합주석」 vol. 13. 서울: 제자원 워드하우스, 2009.

조용기. 「하나님의 말씀 (이사야 – 말라기)」 서울: 서울말씀사, 2006.

차준희. 「구약 예언서 이해」 서울: 한국신학연구소, 2001.

최종태. 「예언자에게 물어라」 서울: 기독교문서선교회, 1999.

2. 번역 서적

Bullock, C. Hassell. 「구약 선지서 개론」 류근상 역, 서울: 크리스챤
　　출판사, 2001.

Green, Joel B. 「어떻게 예언서를 읽을 것인가?」 한화룡 역, 서울:
　　한국기독학생회출판부, 1992.

Heschel, Abraham Josua. 「예언자들」 이현주 역, 서울: 삼인, 2004.

MacDonald, William. 「알기 쉬운 선지서 개요」 정병은 역, 서울:
　　전도출판사, 1995.

Paterson, John. 「예언자 연구」 이호운 역, 서울: 한국기독교문화원, 1983.

Patten, Gorden. H. 「회복된 예언서들의 권위」 차원봉 역, 서울: 태
　　광출판사, 1990.

VanGemeren, Willem A. 「예언서 연구」 김의원 · 이명철 역, 서울:
　　도서출판 엠마오, 2001.

Wilson, Robert R. 「고대 이스라엘의 예언과 사회」 최종진 역, 서
　　울: 예찬사, 1991.

3. 외국 서적

Boice, James Montgomery, 「The Minor Prophets」, vol. 2. Baker
　　Books, 2006.

Bright, John, Brown, William P. 「A History of Israel」, Fourth
　　Edition, Westminster John Knox Press, 2000.

Feinberg, Charles L, 「The Minor Prophets」, Moody Publishers,

1990.

Mays, James Luther & Achtemeier, Paul J. 「Interpreting the prophets」 Philadelphia: Fortress press, 1987.

Pawson, David, 「A Commentary on The Minor Prophets」, Anchor Recordings Ltd, 2019.

Ward, James M. 「The prophets」 Nashville: Abingdon press, 1982.

Wood, Leon J. 「The prophets of israel」 Michigan: Baker book house co., 1992.

Young, Edward J. 「My servants the prophets」 Michigan: Eerdmans Pub. Co., 1985.

4. 도표 및 지도

제자원 편. 「그랜드 종합주석」 vol. 13. 서울: 제자원 워드하우스, 2009.

이에스더

아세아연합신학대학교에서 석사 학위를, 미국 Fuller Theological Seminary에서 박사 학위를 취득했다. 여의도순복음교회 대학선교회, 상담소, 국제신학연구원을 거쳐 현재 순복음영산목회대학원 교학처장으로 사역하고 있다. 저서로는『상한 심령을 품어 주는 교회』,『목회서신』,『대선지서』등이 있다.

The Minor Proph

소선지서

초판인쇄 2021년 8월 13일
초판발행 2021년 8월 13일

지은이 이에스더
펴낸이 채종준
펴낸곳 한국학술정보㈜
주소 경기도 파주시 회동길 230(문발동)
전화 031) 908-3181(대표)
팩스 031) 908-3189
홈페이지 http://ebook.kstudy.com
전자우편 출판사업부 publish@kstudy.com
등록 제일산-115호(2000. 6. 19)

ISBN 979-11-6603-486-2 93230